昇任試験必携

地方公務員法のポイント整理とチェック

昇任試験法律問題研究会編

1日4分で、
一単元をマスター!

ポイント解説で
スッキリ理解
×
チェック問題で
バッチリ習得

・まえがき・

本書を手に取ってくださり、ありがとうございます。

本書は、昇任試験に取り組んでおられる地方自治体の職員の皆様に、試験対策の強い味方としてぜひ携えていただき、ご活用いただきたいという思いを込め、令和２年３月に初版を発刊いたしました。もともと本書は、問題演習において、肢の解答にとどまらない当該項目のポイントとなる事項を併せて習得してもらえるようなコンパクトで学習の効率性を向上できる本（問題集＋ポイント整理）を作ろうという試みで生まれたものです（『コンパクト昇任試験地方公務員法択一問題集』）。令和２年に、この発想を進化させ、項目ごとのポイント解説・整理をメインとし、その知識を確認するための○×式の演習問題を用意するという形にリニューアルしました。

必ずや受験生のニーズにお応えできたものと自負しており、「この本は試験対策に必携だ」と仲間や後輩にお薦めいただけるのであれば、大変嬉しく思います。

今回、ここ２年間の法改正を踏まえた加筆等を行うとともに、読者の皆様からお寄せいただいた点を改良し、改訂版を発刊する運びとなりました。最近の主な法改正は、国家公務員に準じた定年の引上げに伴う、いわゆる役職定年制の導入及び再任用制度の見直しです。このことを記載したページには、左上にR5の目印を付けていますので（令和５年４月施行であるためです）、是非チェックしてみてください。

なお、罰則の法定刑に関して、懲役と禁錮を一本化して「拘禁」刑とする改正も行われていますが、施行が令和７年６月であるため、本書には反映していません。同月以降は、刑の見直しが反映されることについて、一応御留意ください。

試験前の知識の整理及び定着度の確認から、試験会場での試験直前のご利用まで、この必携シリーズが、常に受験生の傍らで学習の効率を高め、試験直前の効果的なサプリメントとなることを願っています。

令和６年２月

昇任試験法律問題研究会執筆者一同

目次

◆補則

◆罰則

地方公務員制度の基本理念

◉**Points！**

【地方公務員法の目的】（１条）

人事行政に関する根本基準を確立。

⇒①**地方公共団体の行政の民主的・能率的な運営**

②特定地方独立行政法人の事務・事業の確実な実施を保障

⇒もって**地方自治の本旨の実現**に資する。

【地方公務員制度の基本理念】

①**全体の奉仕者性**（30条←憲法15条２項）

地方公務員は、一部の奉仕者でなく、全体の奉仕者として、公共の利益のために勤務。

②**勤労者性**

地方公務員は、憲法上の「勤労者」

⇒**労働基本権**が保障されるのが原則だが、**全体の奉仕者性**（①）、職務の公共性、勤務条件法定主義**などにより、制約はやむを得ない**とされている（最判昭和51年５月21日）。

③**政治的中立性**（36条）

⇒全体の奉仕者性（①）からくる公正性の確保と、政治に巻き込まれないことによる職員の利益保護のため（同条５項）。

④**平等取扱いの原則**（13条）

⑤**情勢適応の原則**（14条）

〔④・⑤については、24頁参照〕

⑥**成績主義**（15条）

任用の根本基準〔26頁参照〕。

習得チェック

□1. 地方自治法のほか、地方公務員法も、憲法に定める「地方自治の本旨」を実現する法律に該当する。

□2. 地方公務員は、「全体の奉仕者」として位置付けられ、特殊な地位にあるので、憲法上の「勤労者」ではない。

□3. 地方公務員にも労働基本権が保障されるのが原則であり、全体の奉仕者性は、これを制約する理由とはならない。

□4. 職員の政治的中立性の確保は、職務の執行の公正性を確保するとともに、職員の利益を保護するための理念である。

□5. 地方公務員法は、成績主義（メリット・システム）の原則が任用における根本基準であることは近代立憲主義における当然のものとして、明文で規定することはしていない。

◉Points！

地方公務員の職は、一般職と特別職に分けられる。

特別職＝地方公務員法で**限定列挙**（３条３項）

一般職＝特別職以外の一切の職（３条２項）

【「特別職」の具体的内容】

①就任につき**公選**又は**議会の選挙**、**議決**、**同意**が必要な職
（例）議員・首長（公選)、選挙管理委員会の委員（議会の選挙)、副知事・副市町村長・監査委員・人事委員会の委員（議会の同意)

⇒住民又はその代表の信任によって就任する政治職

②法令・条例等で設ける委員・委員会の構成員の職で、臨時又は非常勤のもの　（例）審議会の委員
③都道府県労働委員会の委員
④臨時又は非常勤の顧問、参与、調査員、嘱託員等（**専門的な知識経験又は識見を有する者**が、これらに基づき、**助言**、**調査その他省令で定める事務**を行うものに**限定**)

⇒専門的な知識経験等を生かして行う非専務職
※④の括弧書きによる限定は、令和２年４月から

⑤地方公営企業の管理者、企業団の企業長
⑥投票管理者、開票管理者、選挙長、選挙分会長等
⑦首長秘書、議長秘書等の秘書職で条例で指定するもの
⑧非常勤の消防団員・水防団員
⑨特定地方独立行政法人の役員

⇒職権の独立性、人的関係、政策的配慮等により、成績主義の原則によらずに、任意に任用する職

【「特別職」に間違えやすい一般職】
・一般職常勤職員と同様の職務を行う短時間勤務職員
・議会事務局の職員、特定地方独立行政法人の職員
・公民館館長・職員

【その他間違えやすい職】
・民生委員は、特別職
・警視正以上の階級の警察官は、国家公務員

習得チェック

□ 1. 任命権者が、特定の知識経験、人的関係又は政策的な配慮の下に任意に任用する職は、通常、一般職に属する。

□ 2. 法令で設ける委員会の委員で、臨時又は非常勤のものは、国家公務員の場合と異なり、特別職に属する。

□ 3. 民生委員は、直接に行政の執行の一部を行うものであるから、一般職の地方公務員である。

□ 4. 議会事務局の職員と警視正以上の階級の警察官は、その職務の特殊性に鑑み、特別職の地方公務員とされている。

□ 5. 特定地方独立行政法人の職員は、役員と異なり、一般職の地方公務員とされている。

＊前項の正誤　1－○　2－×　3－×　4－○　5－×（15条は、「職員の任用は…受験成績、人事評価その他の能力の実証に基づいて行わなければならない」とし、成績主義の原則を明確に規定している）

◉Points！

一般職と特別職の制度上の主な違い、両者を比較する上で注意すべきポイントは、次のとおり。

	一般職	特別職
任期	通常は終身（定年まで） ただし、任期付きの場合もある ⇒一般職の「任期付職員」 　再任用の職員〔74頁参照〕 　臨時的任用職員 　会計年度任用職員	任期あり
成績主義（15条）	適用あり	適用なし
地方公務員法の適用	適用あり （注）下記注意するポイント(2)	原則適用なし ⇒「法律で特別の定め」がある場合は、一部適用あり

【注意するポイント】

(1)反対給付の名称（「給与」か「報酬」か）は、一般職・特別職の区別の基準にならない。

※常勤・非常勤の区別の基準となる（常勤＝「給与」、非常勤＝「報酬」）。

(2)一般職の地方公務員には、地方公務員法の規定が適用されるが、そのうちの一部の規定は、特定の職員には適用されない（教育公務員など）。

⇒適用されない規定につき、別法で特例が整備されている〔137頁参照〕。

習得チェック

□ 1．一般職に属する職には、任期の定めのない職はなく、例えば、臨時的任用職員は、特別職に属する。

□ 2．地方公務員の任用に当たっては、一般職には成績主義の原則が適用されるが、特別職にはその適用はない。

□ 3．一般職と特別職の区別の基準の１つとして、業務に対する反対給付があり、一般職は「給与」を、特別職は「報酬」を受けることとなっている。

□ 4．地方公務員法の規定は、一般職の全職員について、その全てが一律に適用される。

□ 5．地方公務員法の規定は、法律に特別の定めがある場合を除き、特別職の地方公務員には適用されない。

＊前項の正誤　1－×　2－○　3－×　4－×　5－○

◉Points！

地方公共団体の人事機関には、①**任命権者**と、②**人事委員会又は公平委員会**の２つがある。
⇒①は、任命等の権限（いわゆる任命権）を直接行使。
②は、その行使をチェック〔18・20・22頁参照〕。

【任命権の具体的内容】

・職員の任命、人事評価、休職、免職及び懲戒等（６条１項）。
・上記に例示されているほかにも、定年延長（28条の３）、営利企業への従事等の許可（38条）等の権限がある。

【任命権の委任】

・任命権者は、任命権の一部を補助機関である上級の地方公務員に委任することができる（６条２項）。
⇒委任された権限については、元の任命権者は行使できなくなる（委任先に権限が移る）。
⇒「上級の地方公務員」＝地方公共団体の実態と社会通念により相対的に判断される。特別職も含まれる。
⇒複委任（受任者がさらに別の者に委任）は認められない。

【任命権者の分立と長による調整】

・権限の集中を避けるため、長、委員会等の複数の機関に任命権が分配されている〔16頁参照〕。
・長は、組織の合理化、相互の権衡の保持等のため、他の執行機関（委員会・委員）の人事行政について、勧告・協議を通して調整を行うことができる（自治法180条の４）。

《習得チェック》

□ 1．職員の任命等の権限は、地方公共団体の長が一元的に有するものとされている。

□ 2．任命権者は、その権限の一部を補助機関に委任することができるが、その補助機関は、一般職に限られる。

□ 3．任命権者からその権限の一部の委任を受けた者は、自らの名義と責任でその権限を行使することとなる。

□ 4．任命権者は、その権限の一部を委任した場合でも、なお、その権限の一部を行使することができる。

□ 5．任命権者からその権限の一部の委任を受けた者がその権限を更に別の者に委任することは、認められていない。

＊前項の正誤　1－×　2－○　3－×　4－×　5－○

◉Points！

任命権は、長、委員会等の複数の機関に分配されており、主なところをまとめると、次のとおり。

任命権者（6条1項）	主な任命等の対象
地方公共団体の長	・副知事、副市町村長、会計管理者、出納員、会計職員など長部局の職員 ・監査委員 ・委員会の委員、教育長
議会の議長	議会の事務局職員
選挙管理委員会、教育委員会、人事委員会、公平委員会、代表監査委員など	各委員会又は委員の事務局職員
警視総監・道府県警本部長	・警察官（国家公務員である警視正以上を除く） ・その他都道府県警察の職員
消防長	消防職員
地方公営企業管理者	地方公営企業の補助職員
特定地方独立行政法人の管理者	特定地方独立行政法人の職員

※任命権者は、6条1項にいくつか示されているが、あくまで例示。

【県費負担教職員の任命等】

市町村立の小・中学校等の教職員のうち、その給与を都道府県が負担するもの（県費負担教職員）は、市町村の職員であるが、**採用等の任命権は都道府県教育委員会**が行使する。

ただし、服務の監督や人事評価は市町村教育委員会が行う。

（注）指定都市の場合は、県費負担教職員制度の適用はなく、給与の負担も任命権の行使も市教育委員会が行う。

習得チェック

□ 1．会計職員等の知事又は市町村長の所管する部局の一般職の任命権者は、法律上は、知事又は市町村長である。

□ 2．教育委員会の委員の任命権者は、地方公共団体の長であるが、教育長の任命権者は、教育委員会である。

□ 3．市町村立の小学校、中学校等の教職員は、全て、市町村の職員であり、その市町村の教育委員会により任命される。

□ 4．選挙管理委員会等の各委員会の事務局職員の任命権者は、当該選挙管理委員会等の各委員会であり、監査委員の事務局職員の任命権者は、代表監査委員である。

□ 5．警視以下の都道府県警察の警察官については、法律上は、都道府県公安委員会の意見を聞き、警視総監又は道府県警本部長が任命することになっている。

＊前項の正誤　1－×　2－×　3－○　4－×　5－○

◉Points！

【人事委員会と公平委員会】

地方公共団体は、その規模等に応じ、どちらかの委員会を置くこととなる（7条）。具体的には、次のとおり。

自治体の規模等	設置する委員会
都道府県、指定都市	人事委員会
人口15万以上の市（指定都市以外）、特別区	どちらかを選択
人口15万未満の市、町・村、自治体の組合	公平委員会

【人事委員会・公平委員会の権限】（8条～9条）

主な権限	人事委	公平委
準立法的権限		
規則の制定（例：管理職員等の範囲に係る規則）	○	○
準司法的権限		
勤務条件措置要求の判定・審査	○	○
不利益処分に係る審査請求の裁決	○	○
行政的権限		
人事行政に関する調査・研究	○	×
人事機関・職員に関する条例の制定改廃に係る意見の申出	○	×
人事行政に関する任命権者への勧告	○	×
給料表に関する議会及び長への報告・勧告	○	×
勤務条件に関する議会及び長への勧告	○	×
競争試験・選考の実施、採用候補者名簿の作成	○	条例で定めれば可能
職員からの苦情処理	○	○
職員団体の登録、登録の効力停止・登録の取消し	○	○
労働基準の監督	○	×

※「給料表に関する議会及び長への報告・勧告」については22頁、「勤務条件に関する議会及び長への勧告」については24頁参照。

習得チェック

□ 1．市町村のうち、指定都市は人事委員会を設置しなければならず、それ以外の市及び町村は、公平委員会を設置しなければならない。

□ 2．人事委員会だけでなく、公平委員会も、規則を定めることができる。

□ 3．公平委員会は、職員に対する不利益処分についての審査請求に対する裁決を行う権限等、準司法的権限につき人事委員会と同様の権限を有している。

□ 4．人事委員会は、競争試験・選考を実施することができるが、公平委員会には、条例をもってしても、競争試験・選考を実施させることはできない。

□ 5．人事委員会と公平委員会のいずれも、法律に定められた事務のみを処理することとされており、それ以外の事務を条例で処理させることはできない。

＊前項の正誤　1－○　2－×　3－×　4－○　5－○（警察法55条３項）

◉**Points！**

人事委員会及び公平委員会は、**委員３人**をもって組織（９条の２第１項）。委員の**任期は、４年**（同条10項）。

※**人事委員会**の委員は、**常勤又は非常勤**とし、**公平委員会**の委員は**非常勤**とする（同条11項）。

【委員の選任手続】

議会の同意を得て、長が選任（同条２項）。

【委員の要件】（同項）

人格が高潔で、地方自治の本旨及び民主的で能率的な事務の処理に理解があり、かつ、人事行政に関し識見を有する者

【委員の欠格条項】（同条３項）

①**禁錮以上**の刑の**執行中又は執行猶予中**の者
②懲戒**免職の処分後２年**を経過しない者
③日本国憲法又はその下に成立した**政府を暴力で破壊することを主張する政党その他**の団体を結成し又は加入した者
④**地公法の罪**（守秘義務違反等）を犯し、**刑に処せられた者**
⇒在任中に欠格条項に当たった場合は、当然失職（同条８項）。

【委員の罷免事由】（同条５項・６項）

①委員３人のうち**２人以上が同一の政党**に属する者となった
②職務遂行に堪えない**心身の故障**、又は職務上の義務違反その他委員たるに適しない**非行**
⇒罷免事由に当たった場合は、議会の同意を得て、長が罷免。
※①のときは、その２人以上の者のうち１人は残留。
※②のときのみ、委員会での公聴会の開催が必要。

【兼職不可】

議会の**議員、当該自治体の職員**（他から公平委員会の事務処理の委託を受けた自治体の人事委員会の委員については、委託元自治体の職員を含む）との兼職**不可**（同条９項）。

※例外＝いわゆる**附属機関等の構成員**ならば**兼職可**。

【事務方の体制】（12条）

人事委員会は事務局、**公平委員会は事務職員のみ**。ただし、人口15万以上の市・特別区は、事務局を置かず、事務職員のみとすることもできる。

《習得チェック》

□ 1．人事委員会と公平委員会はいずれも、３人の委員をもって組織することとされている。

□ 2．人事委員会の委員は、常勤又は非常勤とされているが、公平委員会の委員は、全て非常勤とされている。

□ 3．人事委員会又は公平委員会の委員が地方公務員法に定める守秘義務に違反し、刑に処せられた場合には、その地方公共団体の長は、これを罷免することができる。

□ 4．人事委員会又は公平委員会の委員が心身の故障のため職務の遂行に堪えないこととなったときは、当然に失職する。

□ 5．人事委員会と公平委員会には、いずれも、事務局を置くこととされている。

人事機関

＊前項の正誤　１－×　２－○　３－○　４－×　５－×（人事委員会の事務については、条例でも定められる。８条１項12号）

◉**Points！**

【人事委員会及び公平委員会の議事】（11条）

・会議の開催には、**委員３人全員の出席**が必要。

※公務運営又は職員の福祉利益の保護に著しい支障が生ずる十分な理由があるときは、２人の出席でも開催可能。

・**議事は、出席委員の過半数**で決する。

【証人喚問等】（８条６項）

人事委員会及び公平委員会は、権限行使に関し必要があるときは、**証人の喚問**又は**書類・その写しの提出**の求めが可能。

【共同設置】（７条４項、自治法252条の７）

人事委員会・公平委員会のいずれも、規約により、他の地方公共団体と共同で設置することが可能。

【事務委託】（７条４項）

公平委員会については、その事務の処理を**他の地方公共団体の人事委員会**に委託することができる。

【その他の頻出事項＝給料表に関する報告・勧告】（26条）〔18頁参照〕

・**人事委員会だけ**に認められた権限（公平委員会は行えない）。

・**毎年少なくとも１回**、給料表が適当かどうか、議会及び長に同時に**報告**。

・給料額を増減することが適当であると認めるときは、**報告と併せて勧告が可能**。

習得チェック

□ 1．人事委員会及び公平委員会の会議を開催するには、原則として、委員の全員の出席が必要とされている。

□ 2．人事委員会は、法令等で定める権限の行使に関し必要があると認めるときに証人を喚問することができるが、公平委員会にはそのような権限はない。

□ 3．公平委員会を置く地方公共団体は、議会の議決を経て定める規約により、他の地方公共団体と共同して公平委員会を置くことができる。

□ 4．公平委員会を置く地方公共団体は、議会の議決を経て定める規約により、その事務の処理を他の地方公共団体の公平委員会に委託することができる。

□ 5．人事委員会及び公平委員会のいずれも、毎年少なくとも1回、給料表が適当であるかどうかについて、地方公共団体の議会及び長に報告するものとされている。

＊前項の正誤　1－○　2－○　3－×　4－×　5－×

通則（平等取扱いの原則・情勢適用の原則）

◉Points！

【平等取扱いの原則】（13条）

国民は、**地方公務員法の適用につき、平等に取り扱われなければならず**、人種、信条、性別、社会的身分、門地又は政治的意見・政治的所属関係によって**差別されてはならない**。

※**合理的な理由に基づき取扱いに差を設けることは可能**。

※政府を暴力で破壊することを主張する政党への加入等をした者は、職員となれないが（欠格事由）、そのことは、平等取扱いの原則に反しない旨が明示されている。

※**「国民」には、外国人は含まれない**。

※**違反には罰則**あり（60条1号。1年以下の懲役又は50万円以下の罰金）。

【情勢適応の原則】（14条）

⑴地方公共団体は、給与、勤務時間その他の**勤務条件が社会一般の情勢に適応するように、随時、適当な措置**を講じなければならない（同条1項）。
※違反に対する罰則はない。

⑵上記の措置につき、**随時、人事委員会は議会及び長に勧告できる**（同条2項）〔18頁参照〕。

習得チェック

□ 1．平等取扱いの原則は、差別を禁止してはいるが、合理的な理由に基づき取扱いに差を設けることまでは禁止していない。

□ 2．平等取扱いの原則は、政治的意見等による差別を禁止しているから、例えば、現行政府を暴力で破壊することを主張する組織に加入している者を任用しないことは、違法である。

□ 3．平等取扱いの原則に違反した任用等については、罰則の適用がある。

□ 4．情勢適応の原則は、給与についてだけで当てはまり、勤務時間等の他の勤務条件にまでは当てはまらない。

□ 5．情勢適応の原則の現れとして、人事委員会は、地方公共団体の議会及び長に勤務条件についての勧告を行うことができるものとされている。

＊前項の正誤　1－○　2－×　3－○　4－×　5－×

◉Points！

【任用とは】

特定の者を特定の職につけること

⇒職と身分は一体、職から離れると身分を失う。
よって身分のみを有し職を有しない「待命」は認められない。

⇒休職中の職員も、身分を有しており、職務に従事しないが、職は保有している。

【任用の根本基準＝成績主義の原則】

⑴職員の任用につき、**受験成績、人事評価その他の能力の実証に基づいて**行わなければならないとする原則（15条）
⇒能力による選抜＝①有能な人材の確保・育成。
②情実を排除し、公正さを確保。

⑵「その他の能力の実証」には、医師・教員といった免許・国家資格、学歴・経歴などが含まれる。

⑶違反すると罰則の適用がある（61条２号、62条）。

⑷知事との人的関係等により任命される副知事等の特別職には、成績主義は適用されない。

【任用に関わる他の原則】

⑴平等取扱いの原則（13条）〔24頁参照〕

⑵職員団体の構成員であること、職員団体を結成しようとしたこと、これに加入しようとしたこと、職員団体のために正当な行為をしたことを理由とする不利益取扱いの禁止（56条）

習得チェック

□ 1. 職員の任用は、身分を付与する行為と、一定の職につける行為の二段階に分けられ、休職中の職員については、前者のみが行われていることとなり、職を保有しない状態となる。

□ 2. 成績主義の原則は、有能な人材の確保や、人事への党派的情実の介入の防止に資するものであり、任用の根本原則とされている。

□ 3. 成績主義の原則に反して任用を行っても、処罰されることはない。

□ 4. 成績主義の原則にいう能力の実証には、受験成績のほか、勤務成績や学歴も含まれる。

□ 5. 職員団体に加入し、職員団体に係る正当な活動を行ったことを理由として不利益な取扱いをすることは、法律で禁止されている。

＊前項の正誤　1－○　2－×　3－○　4－×　5－○

◉Points!

職員の任用については、次の欠格条項が**限定列挙**されており、該当する者は、職員となり又は競争試験や選考を受けられず、在職者が該当すると**処分を要することなく**職を失う（16条）。

⇒①禁錮以上の刑の執行中又は執行猶予中の者

②**当該**地方公共団体で**懲戒免職**処分を受け、その処分の日から**2年**を経過しない者

③人事・公平委員会の委員の職にあって、**地公法の罪**（**罰金刑含む**）を犯し刑に処せられた者

④政府を暴力で破壊することを主張する団体を結成し、又はこれに加入した者

※従前は、成年被後見人・被保佐人であることも欠格条項とされていたが、令和元年12月に撤廃。

【欠格条項該当者を誤って任用した場合】

(1)任用は**当然無効**。

(2)支給された給与は、その間労務の提供があるので**返還不要**。

(3)その間その者がした行為は、**有効**（事実上の公務員の理論）。

【間違えやすいポイント等】

(1)欠格条項については、条例で特例を定めることが可能だが、**法律上の例外はない**。

(2)単純な労務に従事する者にも、欠格条項の適用あり。

(3)破産宣告者は、欠格条項には含まれない。

(4)上記②につき、**分限免職処分では、該当しない**。

習得チェック

□ 1．一の地方公共団体で懲戒免職の処分を受けた者は、他の地方公共団体を含め、一般に地方公共団体の職員となることはできない。

□ 2．成年被後見人については、地方公共団体の職員となることができない旨が法律上定められている。

□ 3．政府を暴力で破壊することを主張する団体を結成した者については、単純な労務に従事する職であっても任用することはできない。

□ 4．欠格条項に該当する者が誤って任用された場合、その任用は、当然に無効であるが、その者に支払われた給与は、返還する必要はない。

□ 5．欠格条項に該当する者が誤って任用された場合、その者が職員として行った行為は、全て無効となる。

＊前項の正誤　1－×　2－○　3－×　4－○　5－○

◉Points！

【任用の種類】

法律上は次の４つ（15条の２第１項１号～４号、17条１項）。

①**採用**＝職員でない者を職員の職に任命

②**昇任**＝現在の職より上位の職に任命

③**降任**＝昇任と逆

④**転任**＝昇任・降任以外の方法で他の職員の職に任命

※法律上明記されていないが、兼職（併任）は、②～④に含まれるものとして認められている。他に実務上行われているものとして、事務従事（他の職の職務を行うべきことを命令）、事務取扱、出向、派遣などがある。

【職員の定数】

⑴職員の定数は「条例で定める」とされ[注]、その範囲内で欠員が生じたときに任用。

（注）ただし、臨時・非常勤の職は条例で定める定数から外されている（自治法172条３項）。

⑵定数を超えた任用は、違法といわざるを得ないが、当然無効というわけではなく、一応有効に成立するものと解され、**取消しの対象**となる。

【任命の方法の基準】

⑴人事委員会は、任命の方法につき**一般的な基準**を定めることができる（17条２項）。

※競争試験等を行う公平委員会も同様。

⑵人事委員会又は競争試験等を行う公平委員会を置かない地方公共団体では、任命の方法は、各任命権者の裁量に委ねられ

ている。

習得チェック

□ 1．職員の任用の方法としては、法律上明示されている「採用」、「昇任」、「降任」又は「転任」のほか、「兼職」も、認められている。

□ 2．職員の任用に当たっては、臨時の職や非常勤の職を含め、定数を条例で定め、その範囲内で行わなければならない。

□ 3．条例で定める定数を超えて任用が行われた場合には、その任用行為は、当然に無効である。

□ 4．人事委員会は、職員の任命の方法につき一般的基準を定めることができるが、任命権者の個々の任用行為を指定することはできない。

□ 5．人事委員会を置かない地方公共団体では、議会が、職員の任命の方法につき一般的基準を定めることができるとされている。

＊前項の正誤　1－×（16条２号で「当該」地方公共団体となっている点に注意）　2－×（欠格条項には法律上の例外はない）　3－○　4－○　5－×

◉**Points！**

【一般職の採用方法】＝競争試験か選考（17条の２）

※選考＝競争試験以外の能力の実証に基づく**試験**

※採用のための競争試験＝「採用試験」（18条）

※いずれも“能力の実証”に基づく“試験”である。

【採用試験・選考の目的】

標準職務遂行能力及び適性を有するかどうかを正確に判定すること（20条１項、21条の２第１項）。

【採用の方法の選択】

採用試験と選考のどちらを選び得るかは、人事機関の体制により違いがある。

①人事委員会を置く場合
　競争試験等を行う公平委員会を置く場合

原則、採用試験（人事委員会規則又は公平委員会規則で定める場合は、選考も可）（17条の２第１項）。

※人事委員会又は公平委員会が実施した採用試験又は選考の合格者の中から任命権者が採用を行う（21条２項・３項、21条の２第２項）。

②上記以外の場合　採用試験又は選考（17条の２第２項）

※採用試験・選考の実施機関は、任命権者（18条）。

（注）公立学校の校長等の教育公務員は選考のみ（教特法11条）。

【採用試験の方法等】

筆記試験その他の人事委員会等（上記①の委員会又は②の任命権者）が定める方法で行う（20条２項）。

⇒「定め」によっては口頭試問や面接も可。

【共同実施・委託】（18条）

採用試験又は選考は、協定により、他の地方公共団体の機関との共同実施や、国・他の地方公共団体への委託が可能。
※人事委員会を置くかどうかにかかわらず、可能。

習得チェック

□ 1．選考も、採用試験と同様、職務遂行の能力と適性を正確に判定することを目的とするものである。

□ 2．人事委員会を置く地方公共団体は、職員の採用に当たり、原則として採用試験を行わなければならず、選考が行えるのは、人事委員会規則で定める場合である。

□ 3．単純な労務に従事する職員の採用は、選考のみによることとされている。

□ 4．採用試験においては、筆記試験のほか、人事委員会等の定めにより、面接を行うこともできるが、口頭試問を行うことはできない。

□ 5．人事委員会は、他の地方公共団体の機関との協定により、当該機関と共同して採用試験等を行うことができる。

＊前項の正誤　1－○　2－×　3－×　4－○（人事委員会は、個々の任用について指定や制限まではできない）　5－×

◉Points！

【競争試験の公開平等】

⑴採用試験の公開平等（18条の２）＝**受験資格を有する全国民に平等**の条件で公開されなければならない。
※受験資格として一定の制限は許容。

⑵昇任試験についても規定（21条の４第４項）＝“一定の職に正式任用された全職員”への公開平等を規定。

【採用試験の受験資格】（19条）

⑴試験の実施機関が定める。
⇒人事委員会がある場合又は競争試験等を行う公平委員会がある場合＝当該人事委員会又は公平委員会
上記以外＝任命権者（任命権者が試験を実施）

⑵**職務の遂行上必要**であって**最少かつ適当な限度**の**客観的かつ画一的な要件**を定めるものとされている。

【候補者名簿】

競争試験を実施する人事委員会又は公平委員会が作成し、合格点以上を得た者の氏名及び得点が記載されるもの。任命権者は、この名簿に記載された者の中から採用・昇任を行う。

⑴採用**試験ごと**に採用候補者名簿を作成（21条１項）
※男女別の作成までは認めていない。

⑵昇任試験ごとに昇任候補者名簿を作成（21条の４第４項）。

⑶名簿記載者が採用（昇任）すべき数より少ない場合には、人事委員会（競争試験等を行う公平委員会を置く場合は公平委員会）は、他の最も適当な候補者名簿に記載された者を加え

て提示することを妨げない（21条4項、21条の4第4項）。

習得チェック

□1．地方公務員法は、採用試験の公開平等だけでなく、昇任試験の公開平等についても定めている。

□2．人事委員会を置く地方公共団体では、採用試験の実施は人事委員会が行うが、その受験資格は、採用を決定する立場にある任命権者が定めることとされている。

□3．採用試験の受験資格は、その職の職務の遂行上必要なものであれば、幅広く定めることができる。

□4．地方公務員法は、競争試験の候補者名簿について、男女別に作成することも認めている。

□5．人事委員会は、採用候補者名簿に記載された者の数が採用者数より少ない場合には、他の最も適当な採用候補者名簿に記載された者を加えて提示することができる。

＊前項の正誤　1－○　2－○　3－×　4－×　5－○

◉Points！

【一般職の昇任の方法】

(1)**任命権者が**、職員の受験成績、人事評価その他の**能力の実証に基づき**、新たな職の標準職務遂行能力・適性を有すると認められる者の中から行う（21条の３）。

(2)**一定の職に昇任**させるには**競争試験（昇任試験）又は選考**が必要（21条の４第１項）。

一定の職＝①**人事委員会**又は競争試験等を行う公平委員会**を置く場合**＝その**委員会の規則で定める職**
②上記以外の場合は、任命権者が定める職

①の場合で昇任試験が実施されたときは、試験ごとに試験結果を踏まえて委員会が昇任候補者名簿を作成し、任命権者は当該名簿に記載された者の中から昇任を行う（21条の４第４項、21条３項～５項）。

(3)**昇任試験**は、正式に任用された職員しか受験できない（21条の４第３項）。
⇒**条件付採用期間中**の職員・臨時的任用の**職員**は正式任用された職員ではなく受験不可（22条、22条の３参照）。

【降任の方法等】

(1)任命権者が、職員の人事評価その他の能力の実証に基づき、新たな職の**標準職務遂行能力・適性**を有すると認められる職に任命（21条の５第１項）。

(2)**降任は、原則、不利益処分**に当たり、審査請求が可能（49条の２）。

【転任の方法】

任命権者が、職員の人事評価その他の能力の実証に基づき、新たな職の標準職務遂行能力・適性を有すると認められる者の中から行う（21条の5第2項）。

習得チェック

□ 1．職員の昇任は、採用の場合と同様、その昇任させようとする職にかかわらず、競争試験か選考が必要である。

□ 2．職員の昇任に当たっては、対象者が、昇任後の職の標準職務遂行能力・適性を有すると認められる必要がある。

□ 3．昇任試験については、正式に任用された職員のほか、条件付採用期間中の職員でも受験できるが、臨時的任用の職員は受験できない。

□ 4．職員の降任に当たっては、対象者が、降任後の職の標準職務遂行能力を有するかという点のほか、適性も考慮する。

□ 5．職員の降任は、あくまで任用の一種であるから、不利益処分には該当しない。

＊前項の正誤　1－○　2－×　3－×　4－×　5－○

◉Points！

【条件付採用とは】

職員の採用（一般職）に当たっては、臨時的任用等の一定の場合を除き、全て**条件付採用期間を設定**（民間の試用期間に相当。22条）。

⇒**原則採用後６月**が条件付採用期間。
※１年に至るまで延長可能（短縮は不可）。
※公立学校の教諭等は、採用後１年（教特法12条１項）。
※会計年度任用職員〔40頁参照〕は、採用後１月。

⇒その期間を良好な成績で勤務すれば、**特段の通知、発令等なく**正式採用となる。

【適用が除外される任用】

①**臨時的任用**（22条１項、15条の２第１項１号）
②**再任用**（定年前再任用短時間勤務職員の任用・暫定的な再任用〔74・75頁参照〕）
③公益法人等への退職派遣の期間満了後の再採用（公益的法人等への一般職の地方公務員の派遣等に関する法律10条５項）
など
※**特別職の非常勤職員**の任用についても、条件付採用期間は設定されない。

【その他間違えやすいポイント等】

⑴**勤務条件は、正式採用の場合と同じ。**
※身分については、一部正式採用と違いあり〔44頁参照〕。

⑵昇任の場合については、条件付期間はない。

《習得チェック》

□ 1．職員の採用に当たっては、全て条件付採用期間が設けられる。

□ 2．条件付採用期間は、原則１年であり、必要があると認めるときは、さらに１年間延長することができる。

□ 3．職員の昇任についても、一定の職への昇任に限り、採用の場合と同様の条件付昇任期間が設けられる。

□ 4．条件付採用期間を良好な成績で勤務した場合には、当然に正式採用に移行するのであり、改めての発令は必要ない。

□ 5．条件付採用の職員は、能力の実証を行う期間中であることに鑑み、正式採用の職員と異なる勤務条件が適用される。

＊前項の正誤　１－×　２－○　３－×　４－○　５－×

◉Points！

【会計年度任用職員の制度の概要】

・一般職の非常勤職員制度が不明確で、地方公共団体の取扱いが様々。

→新たに一般的な制度を整備(法22条の２。令和２年４月から)。

・**一会計年度を超えない**範囲で置かれる**非常勤**の職（**一般職**）

・具体的任期は、任命権者が定める。

・**パート**（同条１項１号）と**フルタイム**（同項２号）の２種

【臨時的任用・特別職非常勤との比較】

<table>
<tr><th rowspan="2"></th><th colspan="2">会計年度任用職員</th><th rowspan="2">臨時的任用</th><th rowspan="2">特別職非常勤
（3条3項3号）</th></tr>
<tr><th>パートタイム</th><th>フルタイム</th></tr>
<tr><td>競争試験等</td><td colspan="2">必要
（競争試験又は選考）</td><td>不要</td><td>不要</td></tr>
<tr><td>条件付採用</td><td colspan="2">対象（期間は１月）</td><td colspan="2">対象外</td></tr>
<tr><td>服務</td><td>適用あり（30～37条）
※営利企業従事制限は適用なし</td><td colspan="2">適用あり
（30～38条）</td><td>適用なし</td></tr>
<tr><td>分限処分</td><td colspan="2">適用あり
（27条、28条）</td><td>適用なし
（29条の２）
※条例で整備可能</td><td>適用なし</td></tr>
<tr><td>懲戒処分</td><td colspan="3">適用あり（27条、29条）</td><td>適用なし</td></tr>
<tr><td>報酬・費用弁償／給料・通勤手当</td><td>報酬・費用弁償（時間外手当、宿日直手当、休日勤務手当、夜間勤務手当に相当する報酬含む）</td><td colspan="2">給料・通勤手当</td><td>報酬・費用弁償</td></tr>
<tr><td>人事評価</td><td colspan="3">対象</td><td>対象外</td></tr>
</table>

①競争試験又は選考によって採用、②服務・分限・懲戒の適用がある、といった点が特徴。

→本来①・②が及ぶべき職につき、臨時的任用職員・特別職の職員として任用される事態を避けるため、臨時的任用・特別職の任用要件の厳格化も行われた〔10頁の※・42頁の※〕。

【他に注意すべきポイント】

・当初の任期が会計年度の末日までの期間より短いときは、その範囲内で更新可能。

・上記のほか、任期満了後に**再度の任用**を行う場合には、**会計年度ごとに新たに設置された職に改めて任用**したものと位置付けるべき。

習得チェック

□ 1. 会計年度任用職員は、非常勤であるから、パートタイムでの任用のみが認められている。

□ 2. 会計年度任用職員については、臨時的任用職員及び特別職の非常勤職員とは異なり、競争試験又は選考により採用を行う必要がある。

□ 3. 会計年度任用職員については、服務に関する規定の適用はあるが、懲戒処分は行われない。

□ 4. 会計年度任用職員については、臨時的任用職員及び特別職の非常勤職員と同様に、条件付採用は行われない。

□ 5. 会計年度任用職員については、特別職の非常勤職員とは異なり、人事評価を行う必要がある。

＊前項の正誤　1－○（なお、以前は、条件付採用の適用がない「一般職非常勤職員」の採用も行われていたが、会計年度任用職員制度の導入で令和2年から行わないこととされた）　2・3－×　4－○　5－×

◉Points！

【臨時的任用（一般職）とは】

恒久的な職に任用する建前の例外として、一定の事由がある場合に限り、職員を臨時的に任用すること

任用の期間：**原則６か月**を超えない期間

１回に限り、６か月を超えない期間で**更新可能**

【臨時的任用を行い得る事由】（22条の３第１項・４項）

常時勤務を要する職に欠員を生じ、①～③のいずれかに該当

①緊急の場合、②臨時の職に関する場合、③採用候補者名簿・昇任候補者名簿がない場合

※「常時勤務を要する職に欠員」は、令和２年４月から要件化。

（注）「常時勤務を要する職に欠員」を生じていないと任用できない＝非常勤の職についての臨時的任用はできない。

（注）③は、名簿が作成され得る状況下での話であり、人事委員会又は競争試験等を行う公平委員会が置かれている地方公共団体に限られる事由〔32・34・36頁参照〕

【臨時的任用の手続】

人事機関の体制により違いあり。

人事委員会を置く場合
競争試験等を行う公平委員会を置く場合

⑴任用には上記**委員会の承認**が必要（22条の３第１項）。

（注）個々の職員についての承認でなく、臨時的任用をしようとする**職についての承認**

⑵委員会は、任用される者の資格要件を定めることが可能（22条の３第２項）。

(3)委員会は、承認のない任用、資格要件に反する任用などについて取り消すことができる（22条の3第3項）。

上記以外の場合　任命権者の判断（22条の3第4項）

【その他間違えやすいポイント等】

(1)臨時的任用職員を**正式任用しようとする場合には、いかなる優先権もない**（22条の3第5項）。

(2)**特別職**の顧問、参与、調査員、嘱託員等の職員は、**臨時的任用職員ではない**〔10頁参照〕。

習得チェック

□1．臨時的任用の期間は、原則6か月であるが、1回に限り更新が可能である。

□2．臨時的任用を行い得るのは、臨時の職に職員を任用しようとする場合に限られる。

□3．人事委員会を置く地方公共団体では、任命権者は、臨時的任用につき人事委員会の承認を得なければならないが、この承認は、個々の職員について得る必要がある。

□4．臨時的に任用している職員を正式に任用しようとする場合には、いかなる優先権も認められない。

□5．特別職の公務員も、臨時に任用されるのであれば、臨時的任用職員に当たる。

＊前項の正誤　1－×　2－○　3－×　4－×　5－○

条件付採用・臨時的任用の身分　任用⑩

◉Points！

条件付採用期間中の職員、臨時的任用職員については、身分取扱いの一部につき、正式任用の職員とは異なる定めがされている。

⇒条件付採用と臨時的任用とでは、ほぼ同じ取扱いであるが、若干の違いがある。

	条件付採用	臨時的任用
転任	できる ※転任があっても条件付採用期間は通算	実務上行われない
昇任	昇任試験の受験は不可（21条の4第3項）	
	昇任試験によるものでなければ可能	実務上行われない
分限	関連規定の適用なし（29条の2第1項） ＝法律に定める事由によらず降任等が可能 ※ただし、分限に関し、条例で必要な事項を定めることはできる（29条の2第2項）	
服務・懲戒	正式任用と同じ	
勤務条件に関する措置要求	できる	
不利益処分の審査請求	できない（29条の2第1項）	
職員団体への加入	できる	

習得チェック

□ 1．条件付採用期間中の職員は、昇任試験を受けることができないが、昇任試験の方法によらない昇任の対象となることはある。

□ 2．条件付採用期間中の職員に転任があっても、当該職員の条件付採用期間は、転任の前後の期間が通算される。

□ 3．条件付採用期間中の職員と臨時的任用職員は、いずれも、分限及び懲戒に関する地方公務員法の規定の適用がない。

□ 4．不利益処分の審査請求については、条件付採用期間中の職員は行い得るが、臨時的任用職員は行えない。

□ 5．条件付採用期間中の職員と臨時的任用職員は、その性質に鑑み、いずれも、職員団体に加入することができない。

＊前項の正誤　1－○　2－×　3－×　4－○　5－×

人事評価・研修

◉Points！

【人事評価】

任用、給与、分限その他の人事管理の基礎とするために、職員がその職務を遂行するに当たり発揮した能力及び挙げた業績を把握した上で行われる勤務成績の評価（6条1項）

・**人事評価の根本基準**（23条）：①**公正に**行われなければならない(同条1項、公正の原則)、②任命権者は、人事評価を任用、給与、分限その他の**人事管理の基礎として活用**する（同条2項）

※「公正」は「平等」(偏りや差別がなく、全てのものが一様で等しいこと）とは異なる。評価の任用や給与への反映には、一定の調整や優先度の判断があり得るとされる（通知)。

・**能力評価**（職務を遂行するに当たり発揮した能力を把握した上で行われる勤務成績の評価）と**業績評価**（職務を遂行するに当たり挙げた業績を把握した上で行われる勤務成績の評価）の**両面から実施**。

※業績評価については、あらかじめ目標設定をすることが適当とされているが、目標は必ずしも数値目標だけではないとされている（通知)。

・**任命権者**は、**定期的に人事評価**を行わなければならない（23条の2第1項)。

・人事評価の**基準及び方法に関する事項**などは、**任命権者が定める**（23条の2第2項)。

※任命権者が長・議会の議長以外のときは、あらかじめ長に協議。

・**人事委員会**は、人事評価の**実施に関し任命権者に勧告することができる**（23条の4）。

・任命権者は、**人事評価の結果に応じた措置**を講じなければならない（23条の３）。

【研修】（39条）

・職員には、**その勤務能率の発揮及び増進のために、研修を受ける機会が与えられなければならない**（１項）。
・**地方公共団体が定める基本的な方針**に基づき、**任命権者が実施**（２項・３項）。他の機関に委託して行うことや特定の教育機関に入所を命じることもできる。
・**人事委員会**は、研修に関する計画の立案その他**研修の方法について任命権者に勧告することができる**（４項）。

習得チェック

□ 1．任命権者は、定期的に人事評価を実施しなければならず、それを人事管理の基礎としなければならない。

□ 2．人事評価は、業績評価を重視した制度であり、能力評価までは行われない。

□ 3．人事委員会は、人事評価の基準及び方法に関する事項等を人事委員会規則で定める権限を有しているほか、人事評価の実施に関し任命権者に勧告することができる。

□ 4．研修は、任命権者が行うものとされており、他の機関に委託して行うことは、認められない。

□ 5．研修は、地方公共団体が定める基本的な方針に基づいて行われるものとされている。

＊前項の正誤　１－○　２－○　３－×　４－×　５－×

◉Points！

地方公務員法上の**給与に関する基本原則**には、①**給与決定に関する原則**と、②**給与支給に関する原則**がある。
⇒①の**給与決定に関する原則**には、**次の3つ**がある。

【1：職務給の原則】

職員の給与は、その**職務と責任に応ずるもの**でなければならない（24条1項)。

【2：均衡の原則】

職員の給与は、①**生計費**、②**国及び他の地方公共団体の職員の給与**、③**民間給与**、④**その他の事情を考慮**して定められなければならない（24条2項)。

※上記の要素を**総合的に考慮**する。

（注）地方公営企業職員及び単純労務職員については、考慮要素が、①生計費、②同一又は類似の職種の国及び地方公共団体の職員の給与、③民間給与、④**当該地方公営企業の経営状況**、⑤その他の事情とされている（地方公営企業法38条3項等)。

【3：条例主義の原則】

職員の給与は「条例で定める」(24条5項)。

趣旨は、**議会の決定**を経て**住民の同意**を得ること、労働基本権の制約を受ける職員に対し**給与を保障**することにある。

⇒“法律で定められた内容を条例で具体化する”という趣旨で、**法律に根拠のない手当等を条例で新設することは不可**。

※「給与」＝職員の勤務に対する対価（勤労の度合いに比

例）であって、記念品、職員が講師となった場合の謝金等は含まれない。

（注）地方公営企業職員及び単純労務職員については、条例で定めるのは給与の種類と基準まで（地方公営企業法38条4項、地方公営企業等の労働関係に関する法律17条・附則5項）。具体的な額等は労働協約等で決定。

習得チェック

□ 1．職員の給与の決定に当たっては、その職務と責任に応ずるものでなければならないとの原則が貫かれており、生計費までは考慮されない。

□ 2．職員の給与の決定に当たって考慮すべき事情には、民間事業の従事者の給与が含まれるが、他の地方公共団体の職員の給与までは含まれない。

□ 3．地方公営企業職員の給与の決定について、当該公営企業の経営の状況を考慮すべきであるのと異なり、一般行政職員の給与の決定については、財政事情を考慮してはならない。

□ 4．職員の給与は、条例で定めることとされているが、法律で定められた手当以外の手当を条例で新設することはできない。

□ 5．「給与」とは、職員の勤務に対する対価のことであるから、記念品や職員が講師となった場合の謝金等は、これに該当せず、いわゆる給与条例主義の対象とはならない。

職員に適用される基準

＊前項の正誤　1－○　2－×　3－×　4－×　5－○

◉Points！

給与支給に関する原則

＝ 通貨払い・直接払い・全額払い （25条２項。いわゆる給与支給三原則）

【**１：通貨払いの原則**】通貨以外の**小切手**等**での支払は不可**。

【**２：直接払いの原則**】直接本人に支払わなければならず、原則、委任を受けた者にも支払うことはできない。

【**３：全額払いの原則**】全額を支払わなければならず、全部又は一部の控除は不可。

※支払期日前に発生した給与の減額事由（**懲戒処分による減給等**）による減給の可否＝**事由の発生した直後の支払期日に限って**可能（**それ以外は、特例を定める条例**（下記）が必要）。

【**給与支給三原則の特例**】**法律又は条例**で特例を定め得る。

※法律による特例＝源泉徴収、共済組合掛金、債権差押など（全額払いの原則の特例）。条例では口座振込など（直接払いの原則の特例）が定められることが多い。

（注）地方公営企業職員、単純労務職員、地方独立行政法人の職員については、三原則が労働基準法によって定められているため、特例が認められる場合に違いがある（同法24条１項）。

【その他注意すべき事項】

一般の職員にも、三原則以外に、**毎月・定期払いの原則**等の労働基準法上の規定の適用がある（同法24条２項等）。

【重複給与の支給禁止】（24条３項）

職員が兼職する場合、その兼務先の職について重複して給与を受けてはならない。

（注）兼務先の職が特別職である場合は、同項は適用されない（ただし、条例で給与の調整を図ることは可能）。

（注）地方公営企業職員、単純労務職員、地方独法職員は不適用。

《習得チェック》

□ 1．給与は、通貨で支払わなければならないとされているが、小切手等、事実上通貨に準じた機能を有するもので支払うことは、解釈上許容される。

□ 2．給与は、直接本人に支払わなければならないとされており、職員から委任を受けた者に対してであっても、支払うことができないのが原則である。

□ 3．給与には、全額払いの原則があるため、支払期日前に受けた懲戒処分によって給与を減額することは、およそ認められない。

□ 4．地方公務員法上の直接払いの原則及び全額払いの原則については、法律だけでなく、条例でも特例を定めることができる。

□ 5．一般職の職員が他の職と兼務する場合、兼務先の職が一般職か特別職かを問わず、兼務先の職について重複して給与を受けてはならない。

＊前項の正誤　1－×　2－×　3－×（財政事情を考慮してはならないわけではない）　4－○　5－○

◉Points！

【給与請求権（概要）】

次の２つが考えられている。

基本権：公務員としての地位から生じる給与の支給を受けるためのおおもとの権利

※**譲渡や放棄は不可**（生活が脅かされ、公務が停滞するおそれがあるため）。

支分権：基本権に基づき毎月の支給額の支払を受ける権利

※**譲渡や放棄は**、原則認めるべきでないが、**一定の場合は可能**（職員の申出があり、支払者が、職員の生活・公務遂行に支障なしと判断し、承認した限度で可能）。

【給与請求権の時効】

公法上の権利⇒**時効の援用（時効の利益の主張）は不要**、中断・停止事由がない限り、期間の経過により絶対的に消滅（自治法236条２項）。

(注)**時効の期間については**、地方自治法ではなく、**労働基準法**が適用される。⇒行使し得るときから**５年（退職手当も同様）**。

※令和２年４月１日から、時効の期間が延長される。ただし、当分の間は、退職手当の請求権は５年であるが、給与債権は３年とされる。

【その他、給与に関し注意すべきポイント】

・人事委員会による給与勧告の制度がある〔18・22頁参照〕。
⇒**情勢適応の原則**（情勢に合わせて随時見直し）の現れ

・**県費負担教職員**〔16頁参照〕は、市町村の職員ではあるが、その**給与は、支払団体たる都道府県の条例**で定められる。

(注)指定都市立の小・中学校等の教職員については、支払団体はその市であり、その市の条例で定められる。

習得チェック

□ 1．給与請求権の譲渡や放棄は、職員の生活を脅かし、ひいては公務を停滞させるおそれがあるから、基本権と支分権のいずれについても、一切、許されない。

□ 2．給与請求権について当局が時効の利益を受けるためには、時効の援用は不要である。

□ 3．職員の給与は、職員の身分保障の観点から、経済情勢に左右されることなく、安定的に支給されなければならないとされている。

□ 4．市町村立の小学校等の教職員は、市町村の職員であるから、その給与は、全て市町村の条例で定められる。

＊前項の正誤　1－×　2－○　3－×　4－○　5－×

◉Points！

【権衡の原則】

勤務時間その他勤務条件を定めるにあたっては、**国及び他の地方公共団体の職員との間の権衡を失しないように適当な考慮**が払われなければならない（24条４項）。

【勤務時間】

・**条例で定める**（給与と同じ。24条５項）。
　※団体交渉により決まるのではない。
　（注）**地方公営企業職員・単純労務職員**については、同項の適用はなく、**企業管理規程、労働協約等による**（地方公営企業法39条、地方公営企業等の労働関係に関する法律附則５項）。

・**労働基準法の基準を下回ってはならない**。
　※職員の勤務条件には、原則として労働基準法が適用される（58条３項）。

【休憩時間】

・**条例で定める**（24条５項）。**労働基準法の基準**（以下参照。同法34条）**を下回ってはならない**。
・勤務時間が６時間を超える⇒少なくとも45分
　８時間を超える⇒少なくとも１時間
　※電話のための待機などのいわゆる手待ち時間は、勤務時間。
・一斉に与えるのが原則（休憩時間の一斉付与の原則＝労働基準法34条２項）であるが、例外を設けることができる（労働基準法施行規則15条１項参照）。
　（注）休憩の目的を損なわない限り、休憩時間中の行動につき、規律保持上必要な制限を加えることは許容。

【週休日・休日】（自治法4条の2）

①土曜・日曜、②国民の祝日、③年末年始の日で条例で定める日、④その他条例で定める日

習得チェック

□ 1．勤務時間その他勤務条件については、給与の場合と同様に、民間における勤務条件との権衡を失しないように考慮が払われなければならない旨が規定されている。

□ 2．勤務時間は、地方公営企業職員及び単純労務職員のものを含め、条例で定めることとされている。

□ 3．職員の勤務条件には、原則として労働基準法が適用されるから、勤務時間は、同法に定められている労働時間についての基準を下回ってはならない。

□ 4．休憩時間には、自由利用の原則があるから、休憩時間中の行動につき制限を加える余地はない。

□ 5．休日については、法定されたもののほか、条例で定めることができる。

＊前項の正誤　1－×　2－○　3－×　4－×

◉**Points！**

一定期間休業する休業制度のほか、**勤務時間の一部について勤務しない部分休業**がある。

部分休業制度の概要は、次のとおり。

【地方公務員法で定める部分休業】

①修学部分休業（26条の２）

- **大学その他**の条例で定める教育施設**における修学のため**、条例で定める期間中、１週間の勤務時間の一部について認められる休業。
- **公務の運営に支障がなく**、当該職員の**公務に関する能力向上に資する**と認められることが必要。

②高齢者部分休業（26条の３）

- 高年齢として条例で定める年齢に達した職員について、その年齢に達した日以後の申請した日から定年退職日までの期間中、１週間の勤務時間の一部について認められる休業。
- 公務の運営に支障がないと認められることが必要。

⇒①及び②、どちらの休業も、次の点は共通している。

- **職員が申請**し、**任命権者が承認**する仕組み。条例制定が必要。
- 給与は減額して支給される。
- 臨時的任用職員、任期付職員、非常勤職員には適用なし。

【他の法律で定める部分休業等】

- 子の養育のための部分休業（１日のうちの一部。地方公務員の育児休業等に関する法律）
- 介護のための所定労働時間短縮（１日のうちの一部。育児休業、介護休業等育児又は家族介護を行う労働者の福祉に関す

る法律）
※なお、育児・介護については、所定外労働の制限などもある。

習得チェック

□ 1．地方公務員法は、部分休業として修学部分休業だけを定めており、高齢者部分休業は、他の法律に定めがある。

□ 2．修学部分休業と高齢者部分休業のいずれも、公務の運営に支障がない限り認められなければならない。

□ 3．修学部分休業と高齢者部分休業のいずれも、取得した場合には、給与は減額して支給される。

□ 4．地方公務員法に定める部分休業は、会計年度任用職員には適用がないが、臨時的任用職員及び任期付職員には適用がある。

□ 5．地方公務員については、その職務の特殊性から、育児のための部分休業に関する法律の定めはないが、条例で制度を設けることは差し支えないとされている。

＊前項の正誤　1－×　2－×　3－〇　4－×　5－〇

◉Points！

一定期間休業する休業制度と、勤務時間の一部について勤務しない部分休業がある。

前者の休業制度の概要は、次のとおり。

【地方公務員法で定める休業制度】

①自己啓発等休業　（26条の５）

・(i)**大学その他**の条例で定める教育機関の**課程の履修**
又は
(ii)**国際貢献活動**のための休業。

・**公務の運営に支障がなく**、当該職員の**公務に関する能力向上に資する**と認められることが必要。

②配偶者同行休業　（26条の６）

・**外国勤務その他**の条例で定める事由**により外国に住所・居所を定めて滞在する配偶者と生活を共にする**ための休業。

・**公務の運営に支障がない**と認められることが必要。

⇒①及び②、どちらの休業も、次の点は共通している。

・**職員が申請**し、**任命権者が承認**する仕組み。条例制定が必要。

・**３年を超えない範囲内で条例で定める期間**、認められる。

・臨時的任用職員、任期付職員、非常勤職員には適用なし。

【他の法律で定める休業制度】

③育児休業　（地方公務員の育児休業等に関する法律）

④大学院修学休業　（教育公務員特例法）

⑤介護休業　（育児休業、介護休業等育児又は家族介護を行う労働者の福祉に関する法律）

(注)③・④は、地方公務員法に頭出しがあるが、「別に法律で定める」とされている（26条の4第2項）。

習得チェック

□ 1．地方公務員法は、自己啓発等休業、配偶者同行休業、育児休業、介護休業の4つがある旨を定めているが、それ以外の休業制度も、別法で認められている。

□ 2．自己啓発等休業を取得することができる場合は、大学等の教育機関の課程を履修する場合に限られている。

□ 3．自己啓発等休業は4年を超えない範囲内において条例で定める期間、配偶者同行休業は2年を超えない範囲内において条例で定める期間、認められる。

□ 4．自己啓発等休業は、職員の申請に基づき、任命権者が、公務の運営に支障がなく、かつ、当該職員の公務に関する能力の向上に資すると認めるときに承認される。

□ 5．会計年度任用職員は、自己啓発等休業と配偶者同行休業のいずれも取得できない。

＊前項の正誤　1－×　2－×　3－○　4－×　5－×

◉Points！

【分限とは】

・一定の事由がある職員につき、その**意に反して、不利益な身分上の変動**をもたらす**処分**。

・適格性のない職員を排除し、**公務能率の維持と向上を図るため**に行うもの（**制裁ではない**）。

【分限の種類】

次の4種類（27条2項）。

①**免職**＝職員としての身分を失わせる
②**降任**＝下位の職に任命する

⇒①・②は、**法定の処分事由がある場合のみ**行える。

《法定の処分事由（28条1項）》

・勤務成績がよくない。
・心身の故障のため、職務遂行に支障又は職務遂行に堪えない。
・その職に必要な適格性を欠く。
・職制若しくは定数の改廃又は予算減少により廃職又は過員を生じた。

③**休職**＝一定期間職務に従事させない

⇒**法定の処分事由＋条例に定める事由**でも行える。

〈法定の処分事由（28条2項）〉

・心身の故障のため、長期休養を要する。
・刑事事件に関し起訴された。

④**降給**＝低い額の給料に決定する

⇒法定の処分事由はなく、**条例に定める事由**で行われる。

【適用除外】

次の職員には、分限の規定の適用はない（29条の２第１項）。

・**条件付採用**期間中の職員（適格性の有無を検討中のため）

・**臨時的任用職員**（職の臨時的性質、任用の特殊性）

習得チェック

□ 1．分限は、地方公共団体における規律と秩序を維持するため、職員の道義的責任を問うためになされる制裁的な処分である。

□ 2．免職処分は、法律に定める事由によるのでなければ行えないが、降任処分は、法律に定める事由のほか、条例に定める事由によっても行うことができる。

□ 3．休職処分は、法律に定める事由のほか、条例に定める事由によっても行うことができるが、降給処分は、条例に定める事由がある場合に行われる。

□ 4．いわゆる在職専従の職員については、職務に従事していないから、休職処分を行うことはできない。

□ 5．分限の規定は、臨時的任用職員には適用されないが、条件付採用期間中の職員には適用される。

＊前項の正誤　１－×　２－×　３－×　４－○　５－○

◉**Points！**

【分限の手続・効果】

・職員の意に反する不利益処分⇒処分事由に関する**説明書の交付が必要**（49条）。

　※交付されなくても処分の効力に影響はない。

・分限免職について、**解雇予告等の労働基準法の規定の適用**あり（同法20条１項等）。

・その他詳細は、**法律に特別の定めがある場合を除き、条例で**定められる（28条３項）。

【その他分限に関し注意すべき事項】

・**公正の原則**（分限は公正でなければならない。27条１項）

　⇒特に、処分が苛酷なとき、他の処分と均衡が取れていないときに問題となる。

　※同時に、**平等取扱いの原則**（13条）〔24頁参照〕との関係でも問題になる。

　※定数の改廃により過員を生じた場合に、具体的にどの者を免職処分とするかは、公正の原則・平等取扱いの原則に反しない限り、任命権者の裁量。

・**分限休職と分限降任**は、**併せて行うことが可能**。

・任命権者は、職員の採用後にその者が刑事事件で起訴されていることを知った場合は、起訴が採用前に行われたものでも、休職処分にすることができる。

・**県費負担教職員**〔16頁参照〕については、市町村の職員であるが、任命権者である**都道府県の教育委員会が分限処分を行う**。

　(注)指定都市立の小・中学校等の教職員は、任命権者である市教育委員会が行う。

・**自治体側の都合**（職制若しくは定数の改廃又は予算の減少に基づく廃職又は過員）**により免職**された者について、**復職させる場合の採用の特例**を定め得る（17条の2第3項）。
・**分限休職**につき、休職者は何らかの**職を保有**する。
※ただし、定数条例で定数外とする実例あり。

習得チェック

□1．分限処分は、職員の意に反する不利益処分であるから、処分事由に関する説明書の交付が必要だが、仮にその交付がなかったとしても、処分の効力に影響はない。

□2．分限免職は、民間の労働者の解雇とは性質を異にするから、解雇予告等の労働基準法の規定の適用はない。

□3．分限については、特に公正の原則が定められているから、平等取扱いの原則は問題とならない。

□4．ある職員を分限休職とする場合に、併せて分限降任とすることもできる。

□5．県費負担教職員は、都道府県が給料等を負担することとされている教職員であるが、その分限処分は、市町村の教育委員会が行うこととされている。

＊前項の正誤　1－×　2－×　3－○　4－×（在職専従も職員としての身分を有するので、休職処分は可能）　5－×

◉Points！

【懲戒とは】

職員の**義務違反や非行につき制裁**としてなされる**不利益処分**
⇒**道義的責任を問い、公務の規律と秩序を維持する**ことが目的。

【懲戒の種類】

次の４種類（29条１項）。

①**免職**＝懲罰として職員としての身分を失わせる ②**停職**＝懲罰として一定期間勤務に従事させない ③**減給**＝給与の一定割合を一定期間減額 ④**戒告**＝職員の責任を確認し、その将来を戒める

⇒いずれも、**法定の処分事由がある場合のみ**行える（条例で事由を規定できない）。

《法定の処分事由（29条２項）》

・法令等に違反した。
・職務上の義務に違反し、又は職務を怠った。
・全体の奉仕者たるにふさわしくない非行を行った。
※停職処分中は、給与は支給されない。
（注）**厳重注意、訓告、始末書の提出、諭旨免職など**は、懲戒としての制裁的実質までは伴わない事実上の行為として行われており、**懲戒**による**処分ではない**。

【適用関係等】

・懲戒の規定は、**条件付採用**期間中の職員、**会計年度任用職員**、**臨時的任用職員にも**、**適用**される。
・**退職者に懲戒は行えない**（勤務関係の存在を前提）。
ただし、一度退職した者が改めて任用された場合のうち、①**国や他の団体に退職派遣をされ、復職した場合**、②**定年前再任**

用短時間勤務職員の任用[注]については、**退職前の事由による懲戒が可能**。

また、同一地方公共団体内で任命権者に異動があった場合も、異動前の事由による懲戒が可能。

（注）退職・再任用の範囲が同一の自治体の場合に限る。暫定的な再任用〔74頁参照〕についても、同様の懲戒が可能。

習得チェック

□ 1．懲戒は、公務の能率の維持と向上のために行われるものであり、制裁としての意味合いはない。

□ 2．懲戒は、免職、停職、減給、訓告の4種類である。

□ 3．懲戒のうち、免職及び停職については、法定の処分事由がある場合のみ行い得るが、それ以外は、法定の処分事由のほか、条例で定める事由によっても行うことができる。

□ 4．懲戒の規定は、条件付採用期間中の職員及び臨時的任用職員であっても、適用される。

□ 5．退職してしまった者については、退職前の事由についての懲戒は行えないこととされており、いわゆる退職派遣をされた者が復職した場合であっても同様である。

＊前項の正誤　1－○　2－×　3－×　4－○　5－×

◉**Points！**

【懲戒の手続・効果】

・職員の意に反する不利益処分⇒処分事由に関する**説明書の交付が必要**（49条）。
　※**交付されなくても処分の効力に影響はない**。

・懲戒免職について、**解雇予告等の労働基準法の規定の適用**あり（同法20条１項等）。

・その他詳細は、**法律に特別の定めがある場合を除き、条例で**定められる（29条４項）。
　※この**条例が制定されていない状態では、懲戒は行えない**。
　※条例で、**懲戒による処分を取り消すことができる場合を創設したり、執行猶予について定めたりはできない**。

【その他懲戒に関し注意すべき事項】

・**公正の原則**（懲戒は公正でなければならない。27条１項）、**平等取扱いの原則**（13条）〔24頁参照〕。
　※懲戒を行うかどうか、どの種類の処分を行うかは、**公正の原則・平等取扱いの原則に反しない限り、任命権者の裁量**。

・**１個の義務違反に対し**、懲戒による**数個の処分は行えない**。
　※数個の義務違反に対しては、それぞれに懲戒を行うことも、一括して懲戒を行うことも可能。

・いったん行った懲戒について、**任命権者自身は取消し又は撤回を行うことはできない**。⇒審査請求や訴訟で対応。

・**県費負担教職員**〔16頁参照〕については、市町村の職員であるが、任命権者である**都道府県の教育委員会が懲戒を行う**。
　（注）指定都市立の小・中学校等の教職員は、任命権者である市教育委員会が行う。

習得チェック

□ 1. 懲戒処分については、職員に与える影響の大きさに鑑み、その手続が法律で明記されているので、改めて地方公共団体において条例を制定することなく、行うことができる。

□ 2. 懲戒免職については、その制裁としての性格に鑑み、労働基準法の適用はない。

□ 3. 懲戒を行うかどうか、また、どの種類の処分を行うかについては、公正の原則や平等取扱いの原則に反しないようにする必要があるが、基本的に任命権者の裁量で決め得る。

□ 4. ある義務違反につき、制裁として減給だけでは不十分と判断される場合であっても、停職と減給を併せて行うことはできない。

□ 5. 懲戒処分について取り消すべき事情が判明したときは、任命権者は、審査請求等を待たず、その行った懲戒を取り消すことができる。

＊前項の正誤　1－×　2－×　3－×　4－○　5－×

◉**Points！**

【その他懲戒に関し注意すべきポイント】

兼務関係

・兼務先の職（給与の支給なし）の執行に関して懲戒をする必要が生じた場合に、**本務の減給処分をすることは可能**。

・**異なる地方公共団体の職を兼務**している場合に、**一方の地方公共団体が行った懲戒は、他の地方公共団体を拘束しない**。

・同一の地方公共団体の異なる任命権者に属する職を兼務している場合、一方の任命権者の懲戒は他方の任命権者を拘束。

刑事事件関係

・職員が刑事事件で取調べを受け、**途中で処分保留**となった場合でも、**懲戒を行うことは差し支えない**。

・懲戒は、**取調べの終了・処分の決定を待つ必要はない**。

分限との関係

・目的が異なるので、**同一の事実について、分限による処分と懲戒による処分を併せて行うことも可能**。

※どちらを行うかは任命権者の裁量。

(注)効果が同じ処分（分限免職と懲戒免職）は、一方を行えば他方を行う余地はなくなる。

・分限休職中に懲戒免職をすべき場合には、**分限休職を解かずに懲戒免職をすることが可能**(職員としての地位はあるため)。

【分限との違い・間違えやすいポイント】

①**目的の違い**

分限 不適格職員の排除（能率の維持向上）、懲戒 制裁

②**1つの事案についての2種類の処分の実施の可否**

分限 可能、懲戒 不可

③**処分事由を条例で定め得るか**

分限 処分の種類によっては可能、懲戒 不可

④**条件付採用期間中の職員、臨時的任用職員への適用**

分限 なし、懲戒 あり

※その他、国家公務員の例によれば次のとおり（具体的には条例の定めによる）。

・免職時の退職手当：懲戒の場合のみ全部又は一部不支給

・休職又は停職時の給与：分限 事由に応じ一定額支給、懲戒 なし

習得チェック

□ 1．兼務をしている職員について、給与の二重支給の禁止の規定により給与を受けていない兼務先の職の執行に関し懲戒をする際、本務の職の減給処分をすることはできない。

□ 2．職員が刑事事件で取調べ中に処分保留とされたときには、任命権者は、その職員に懲戒事由があっても、懲戒を行うことができなくなる。

□ 3．懲戒と分限は、目的が異なるので、同一の事実について両方の処分を行うこともあり得る。

□ 4．分限休職中の職員について、懲戒免職をする場合には、いったん分限休職を解く必要がある。

□ 5．条件付採用期間中の職員及び臨時的任用職員については、懲戒を行うことはできないが、分限を行うことはできる。

＊前項の正誤　1－×　2－×　3－○　4－○　5－×

◉Points！

【離職とは】

職員がその**職と身分を失う**こと。

※職と身分は一体であり、職から離れると身分を失う。

【離職の種類】

①失職

職員が**一定事由に該当した場合**に、任命権者の何らの行政処分によることなく、**当然に離職**。

=(i)欠格条項該当（28条4項）、(ii)定年退職（28条の6）、(iii)任期満了など。

※分限による“処分”ではないが、職員の身分保障の例外をなすので「分限」の一種。

※分限による処分と異なり、**手続・効果を条例で定める必要はない**。

(注)定年退職は、条文上「退職」とあるが、一定事由に該当することで当然に離職するので、法的性質は「失職」。

②分限免職

③懲戒免職

④辞職

職員が退職願を提出し、これに基づき、任命権者が同意（退職発令）して行われる。

※地方公務員法に特段の定めなし。

※退職願の**撤回は、辞令交付前で、信義則に反しない限り**は可能（判例）。

⑤死亡

※当然に職員としての地位を失うが、退職の発令を行うのが通例。

⇒②〜⑤をまとめて「**退職**」という。

習得チェック

□ 1．離職とは、職員がその職を失うことであり、それに加えて公務員の身分を失わせるための処分を行う必要はない。

□ 2．「失職」は、職員が一定の事由に該当した場合に当然に離職することとなるものであり、例えば、職員が欠格条項に該当した場合がこれに当たる。

□ 3．失職は、処分ではないが「分限」の一種であるので、地方公共団体は、その手続及び効果について条例を定める必要がある。

□ 4．定年による離職は、条文上「退職」とされているとおり、「退職」の一類型とされている。

□ 5．辞職は、職員が退職願を提出することにより当然に離職するものであるので、「失職」の一類型である。

＊前項の正誤　1－×　2－×　3－○　4－×　5－×

◉Points！

【定年制度の目的】

職員の新陳代謝、所定年齢までの勤務継続の保障

【定年制度の概要】（28条の６）

・**定年に達した日以後最初の３月31日までの間で条例で定める日に、当然・自動的に離職**（＝失職の一類型）。

・**「定年」**は、原則、**国の職員の定年**（65歳が基本）**を基準として条例**で定める。

※国の職員の定年を基準とし難い職については、別の定年を定め得る。

・**臨時的任用職員、任期付職員、非常勤職員には適用なし。**

【定年制度の特例】（28条の７）

①**定年延長**＝次の事由がある場合に、同じ職務に従事させるために引き続き勤務させる（**条例制定が必要**）。

→職務の遂行上の特別の事情又は職務の特殊性を勘案して、その退職により**公務の運営に著しい支障**が生ずると認められる事由（具体的には条例で定める）

※個々の職員について定年延長を決めるのは、任命権者。任命権者は、**定年退職日の翌日から起算して１年を超えない範囲内で期限**を定める。

②**定年の再延長**＝①の事由が引き続きあると認めるときは、**１年を超えない範囲内で**、期限の延長が可能（条例制定が必要）

※２回以上の再延長も可能だが、本来の定年退職日の翌日から起算して**３年を超えられない**。

【管理監督職勤務上限年齢制】（いわゆる役職定年制、28条の２～５）※令和５年４月１日から施行。

・**管理監督職**について、**条例で、上限年齢**を定める（職によっては、定められる年齢が異なり得る）。

→上限年齢に達すると、達した日の翌日（誕生日）から同日以後の**最初の４月１日までの間**（異動期間）に、管理監督職以外か、上限年齢が更に上の管理監督職に**降任又は転任**。

※**転任は、給料の額が低くなる場合だけ**認められる。

※**管理監督職の範囲も**、具体的には**条例**で定める。

※**臨時的任用職員、任期付職員には適用なし**。

・管理監督職の範囲・上限年齢を条例で定めるに当たっては、**国・他の自治体の職員との均衡を失しないように配慮**。

・**特例あり**＝定年延長の場合（上記①）と同様の事由があるときは、任命権者は、**１年を超えない範囲**で異動期間を**延長**し、引き続きその職で勤務させることが可能。

※再延長も定年延長の場合と同様（２回以上可、**上限３年**）。

習得チェック

□ 1．定年年齢と管理監督職勤務上限年齢は、いずれも条例で定められるが、国の職員の定年を基準として一律の年齢を定めることとされ、職の実情に応じた例外は認められていない。

□ 2．定年制度は、臨時的任用職員、任期付職員及び非常勤職員には適用がない。

□ 3．いわゆる役職定年の延長は、公務の運営に著しい支障が生ずると認められる事由がある場合に行うことができるが、定年延長は、そうした場合のほか、職員の生活に著しい支障が生ずる場合にも認められる。

＊前項の正誤　１－○　２－○　３－×　４－×　５－×

◉Points！

・令和５年４月に「定年前再任用短時間勤務職員」制度を導入。
・従前の再任用制度は廃止（しばらくの間、相当制度を存置）。

【定年前再任用短時間勤務職員】（22条の４）

・定年が国の職員を基準に65歳まで引き上げられることを背景に整備された制度
・**60歳**[注]**を基準に条例で定める年齢に達した日以後に退職**した者につき、**同一自治体の短時間勤務の職に採用**可能。
（注）国家公務員の同趣旨の制度で用いられている年齢
→任期は、**定年退職日相当日**（採用される短時間勤務の職と同種の常勤の職にあるとした場合の定年退職日）**まで**。
→**従前の勤務実績等に基づく選考**により、**任命権者が採用**（人事委員会を置く場合でも、任命権者が採用）。
※**臨時的任用職員、任期付職員、非常勤職員**が退職する場合には**適用なし**。
・注意点＝①**条例の制定**が必要、②条件付採用の規定の適用なし（**条件付採用期間は設けられない**）、③採用後、常勤の職への昇任・降任・転任は不可、④**非常勤職員**であり、条例で定める定数に含まれない。
・退職・再任用の範囲を同一の自治体だけでなく、その自治体が構成団体となっている**組合に広げる規定**あり（22条の５）。
・その他、任命権者には、当分の間、職員が60歳（を基準に条例で定める年齢）に達する前年度に、同年齢以降の任用、給与等の情報の提供、勤務の意思確認の努力義務あり（附則）。

【暫定的な再任用制度】　上記の新制度の導入に伴い従前の再任用制度は廃止されるが、定年の段階的な引上げがされている間（令和14年３月31日まで）は、定年で退職した職員が従前同様に再任用されるよう、暫定的に相当制度を整備（令和３年改正法附則）。

・対象＝**定年退職者のほか**、定年延長による勤務後退職した者、定年前再任用短時間勤務職員として採用されて任期満了で退職した者、これらに準ずる者として条例で定める者も対象。

・従前の勤務実績等に基づく選考により、任命権者が採用。

・**常勤の職に採用される場合**と、**短時間勤務の職（非常勤）に採用される場合**の２つがある。

・**任期は、１年を超えない範囲**内。条例で定める年齢（65歳を基準）に達する日の属する年度末までは、**１年を超えない範囲内で更新**可能。

※新制度施行前に退職している者の再任用や、新制度施行時に既に再任用されている者の任用継続についての規定もあり。

習得チェック

□ 1．令和５年に導入された定年前の再任用制度では、従前の再任用制度と同様、常勤の職に採用される場合と短時間勤務の職に採用される場合がある。

□ 2．地方公務員法が定める定年前の再任用制度において、短時間勤務の職に採用された者は、非常勤であり、特別職の公務員となる。

□ 3．地方公務員法が定める定年前の再任用制度において、対象となる者の採用を行う主体は、人事委員会を置く地方公共団体であっても、任命権者とされている。

職員に適用される基準

＊前項の正誤　1－×　2－○　3－×

◉Points！

【趣旨】

服務の宣誓は、職員が「全体の奉仕者」（憲法15条）であることなどを自ら確認し、宣誓する行為である。

【宣誓の義務】

職員は、服務の宣誓をしなければならない（31条）。

（注）条件付採用職員・臨時的任用職員にも宣誓義務がある。

【服務に関する義務との関係】

服務の宣誓を行うことによって初めて服務に関する義務が発生するというものではない。

服務に関する義務は、任用により、当然に生じる。

【服務の宣誓の内容・手続】

条例の定めるところによる（31条）。

条例には、通常、服務の宣誓は、新たに職員になった者が、任命権者又は任命権者の定める上級の公務員の面前において、宣誓書に署名することにより行う旨が定められている。

【違反への対応】

服務の**宣誓を行うこと自体が服務義務**の一つであるため、これを行わなかったときは、服務義務違反として、**懲戒処分**の対象になり得る。

習得チェック

□ 1．職員の服務に関する義務は、服務の宣誓によって生じるものであり、職員として任用されることにより当然に生じるものではない。

□ 2．服務の宣誓は、地方公務員法により、任命権者の面前で、宣誓書に署名することにより行わなければならないと定められている。

□ 3．服務の宣誓は、職員が全体の奉仕者であることなどを自ら確認し、それを宣誓する行為である。

□ 4．服務の宣誓を行わなくとも、そのことだけでは、懲戒処分の対象とはなり得ない。

□ 5．条件付採用職員には、正式採用時ではなく条件付採用時に服務の宣誓を行う義務が生じる。

＊前項の正誤　1－×　2－×（非常勤ではあるが一般職）
3－○

◉Points！

【法令等に従う義務】（32条）

職員は、職務遂行に当たっては、法令、条例、地方公共団体の規則、地方公共団体の機関が定める規程に従わなければならない。

※職員が職務と関係なく私人として法令等に違反した場合は、32条違反の問題にはならない。ただし、懲戒処分の対象となる非行や信用失墜行為（33条）に該当する可能性がある。

【職務上の命令に従う義務①】（32条）

職員は、職務の遂行に当たっては、上司の職務命令に従わなければならない。

法律上は「職務上の命令」と表現しているが、内容としては次の２種が含まれている。

①**職務上の命令**：職務命令のうち職務上の上司のみが発することができるもの。
（例）出張命令、公文書の起案命令

②**身分上の命令**：職務命令のうち、職務上の上司と身分上の上司のいずれもが発することができるもの。
（例）病気療養の命令

※職務上の上司
職務の遂行について職員を指揮監督する者。

※身分上の上司
職員の任用、分限、懲戒などの身分の取扱いについて権限を有する者。

《**命令による個人の自由の制限の可否**》

公務としての**地位又は職務との関係において合理的な範囲内**であれば個人の自由を**制限できる**。

（例）①職務上の見解を公表するに当たり上司の許可を得るように命ずる（東京地判昭和26年4月30日）。

②特定の職員に、職務の必要上、公舎に居住するよう命ずる。

習得チェック

□ 1．職員が職務と関係なく私人として法令等に違反した場合は、地方公務員法上の義務違反の問題を生ずることはなく、当該職員は懲戒処分の対象にもなり得ない。

□ 2．地方公務員法が定める「職務上の命令」には、職員の任用、分限、懲戒などの身分の取扱いについて権限を有する者（身分上の上司）が発する身分上の命令が含まれる。

□ 3．職務の遂行について職員を指揮監督する者（職務上の上司）は、出張命令など、職務遂行そのものに直接関係する職務上の命令のみを発することができる。

□ 4．上司は、公務としての地位又は職務との関係において合理的な範囲内では、特定の職員に公舎に居住するよう命令することもできる。

＊前項の正誤　1－×　2－×（こうした内容・手続は、法律では定めていない）　3－○　4－×　5－○

◉Points！

【職務上の命令に従う義務②】（32条）

《有効な職務命令としての成立要件》

①**権限ある上司**からの命令であること

⇒その職員との関係で、指揮監督権限を有する者

＝職務上の上司と、身分上の上司〔78頁参照〕

②**職務に関する**命令であること

※職務上の命令は、職務の執行に直接関係。

身分上の命令も、職務と無関係に発することはできない。

③法律上・事実上**実行可能**であること

（注）命令の形式には制限はない。**文書でも口頭でもよい。**

《瑕疵ある命令》

①**重大かつ明白**な瑕疵ある命令

無効。従う義務はない。

②**取り消し得べき**瑕疵ある命令

一応は有効。**取り消されるまで従う**必要がある。

《複数の上司から矛盾した命令があったとき》

上位の上司の命令が優先する。

【違反への対応】

32条違反があった場合は、**懲戒処分**の対象となり得る。地方公務員法上、**罰則の適用はない。**

習得チェック

□ 1．職務命令は、権限ある上司からの命令であること及び職務に関する命令であることが必要であるが、それが事実上実行可能であるかどうかは問わない。

□ 2．取り消し得べき瑕疵がある職務命令については、権限ある者によって取り消されるまでは、職員はこれに従う義務がある。

□ 3．職務命令は、必ず文書によって発せられなければならず、口頭によって発せられた命令は法的拘束力を持たない。

□ 4．法令等及び上司の職務上の命令に従う義務に関する規定は職員の倫理上の行為規範にとどまるため、これに違反しても懲戒処分の対象とはならず、罰則の適用もない。

□ 5．階層的に上下関係のある複数の上司が同一事項について互いに異なる職務命令を発したときは、上位の上司の職務命令が優先する。

＊前項の正誤　1－×　2－○　3－×（職務上の上司は身分上の命令も発することができる）　4－○

◉Points！

【信用失墜行為】（33条）

信用失墜行為とは、その職員が占めている職の信用を傷つけ、又は職員の職全体の不名誉となる行為である。

信用失墜行為には、必ずしも**職務に関連した非行だけでなく**、私人として行った職務に直接関連しない違法行為、服務義務違反、来庁者に対する粗暴な態度などが広く含まれ得る。

⇒公務全体あるいは職全体に対して社会的な非難がなされ、「職員の職全体の不名誉」となる。

【信用失墜行為となり得るものの例】

職務関連	職務に関連しない違法行為	その他
・職権濫用 ・収賄　等	・勤務時間外の、 飲酒運転 傷害事件　等	・服務義務違反 ・来庁者への粗暴な態度

【信用失墜行為の該当性の基準】

一般的な基準はなく、社会通念に照らし、個別具体的に判断される。

【違反への対応】

33条違反があったときは、**懲戒処分**の対象となり得る。地方公務員法上、**罰則の適用はない**。

習得チェック

□ 1. 職員が信用失墜行為を行った場合には、懲戒処分の対象となるとともに、地方公務員法が定める罰則が適用される。

□ 2. 信用失墜行為の禁止は、地方公務員法に具体的に列挙された行為を禁ずるもので、個別具体的に信用失墜行為に該当するかどうかを判断する余地はない。

□ 3. 信用失墜行為とは、その職員が占めている職の信用を傷つける行為のみを指すのではなく、公務全体又は職員の職全体の信用の不名誉となる行為も含まれる。

□ 4. 職員が来庁者に対して粗暴な態度をとった場合も、信用失墜行為を行ったものと判断される場合がある。

□ 5. 職員が収賄等を行ったときは、別の法律において罰則が科されるため、地方公務員法で定める信用失墜行為の禁止の規定違反にはならない。

＊前項の正誤　1－×　2－○　3－×　4－×（単なる倫理上の行為規範ではない）　5－○

◉Points！

【秘密の意義】

地方公務員法上の「秘密」とは、一般に了知されていない事実であって、それを**一般に了知せしめることが一定の利益侵害**になると客観的に考えられるものをいう。

【秘密の種類】

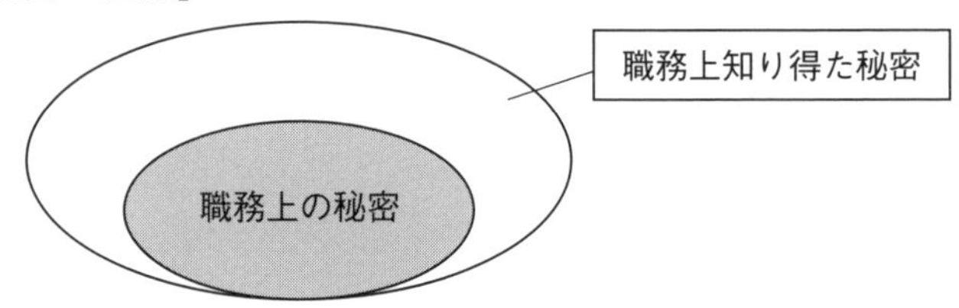

①「**職務上知り得た秘密**」(34条１項・２項)

・職員が職務を執行するに当たって知り得た秘密。

・「職務上の秘密」より広く、これを包含する概念である。

・**仕事上偶然知った個人の秘密など**の職務とは直接関係ない秘密も**含まれる**。例えば、行政上の必要から行った調査の際に知ることができた調査目的以外の個人の秘密など。

②「**職務上の秘密**」(34条２項)

・職員の職務上の所管に属する秘密。その職員が**担当している事務に関する**秘密。例えば、税務職員が組織的に把握している特定個人滞納額など。

※地方公共団体が客観的な基準に基づき秘密扱いの指定をしているものだけでなく、実質的に秘密と判断されるものが対象。

【秘密漏洩の禁止（34条１項）】

職員は、「職務上知り得た秘密」を漏らしてはならない。職員がその職を退いた後も、同様。

習得チェック

□ 1．職員が漏らしてはならない秘密とは、一般に知られることが個人の不利益となる個人の秘密をいう。

□ 2．職員が漏らしてはならない職務上知り得た秘密には、仕事上偶然知った秘密であって当該職員の職務と直接関係ないものも含まれる。

□ 3．職員が漏らしてはならない秘密は、地方公共団体が客観的な基準に基づき秘密扱いの指定をすれば足り、その指定を受けていないものは、含まれない。

□ 4．職員は、職務上知り得た秘密を漏らしてはならないが、退職後は、職務上の秘密に限って秘密を守る義務を負う。

□ 5．地方公務員法には、職務上知り得た秘密と職務上の秘密が規定されており、職務上の秘密は、職務上知り得た秘密を包含する広い概念である。

＊前項の正誤　１－×　２－×　３－○　４－○　５－×

◉Points！

【任命権者の許可】（34条２項・３項）

・法令による証人・鑑定人等となって、「**職務上の秘密**」を発表する場合、任命権者の許可が必要。

・任命権者は、**法律に特別の定めがある場合を除き**、許可を拒むことができない。

「職務上知り得た秘密」	
「職務上の秘密」	「職務上の秘密」以外
許可が必要	許可は不要

※退職者が発表する場合は、その**退職した職又はこれに相当する職に係る任命権者**の許可が必要。

【違反への対応】

・34条１項（秘密漏洩の禁止）又は２項（任命権者の許可）に違反して秘密を漏らした場合、１年以下の懲役又は50万円以下の罰金に処せられる（60条２号）。

・**職を退いた者にも罰則**の適用がある。

・秘密漏洩を**企てたり、命じたり、故意に容認したり、そそのかしたり、助けたり（幇助）した者も**同様に罰せられる（62条）。

習得チェック

□ 1．職員が法令による証人、鑑定人等となって職務上の秘密を発表する場合は、任命権者の許可が必要であるが、条例に特別の定めがあるときは、任命権者は許可を拒否できる。

□ 2．退職をした者が法令による証人、鑑定人等となって職務上の秘密を発表するときは、退職前の職又はこれに相当する職の任命権者の許可が必要である。

□ 3．職員が職務上の秘密を発表する場合は、任命権者の許可を得なければならないが、裁判所の許可をもって代えることができる。

□ 4．退職した者も、職員と同様、職務上知り得た秘密を漏らしてはならないが、罰則は科されない。

□ 5．職務上知り得た秘密を漏洩することを企てたり、黙認したり、助けたりする行為は、秘密を漏らす行為そのものではないので、罰則は科されない。

＊前項の正誤　1－×（個人の秘密に限られない）　2－○　3－×（形式的に指定されているだけでは足りず、実質的に秘密と判断されるものが対象）　4－×　5－×（包含関係が逆である）

◉Points！

【趣旨等】

職員は、法律又は条例に特別の定めがある場合を除き、その勤務時間及び職務上の注意力の全てをその職責遂行のために用い、当該地方公共団体がなすべき責を有する職務にのみ従事しなければならない（35条）。
⇒30条（**服務の根本基準**）の内容を**具体化**したもの。

【勤務時間とは】

職務専念義務が要求されるのは、勤務時間中である。**休日勤務や超過勤務**を命じられて、これに服する時間も**含まれる**。**休憩時間**には職務専念**義務は発生しない**。

【職務専念義務の免除】

法律又は条例に特別の定めがある場合に免除される。
〔免除される場合の詳細については、90頁参照〕

【職務専念義務の免除の承認】

次のような場合については、これに該当するだけでは職務専念義務が**当然には免除されず**、別途、職務専念義務の**免除自体について任命権者の許可**が必要である。

①職員団体が勤務時間中に行う**適法な交渉**に参加する場合
②勤務時間中に勤務条件に関する**措置要求**・不利益処分の**審査請求**をする場合
③**営利企業等への従事**の許可を受けた場合
④**兼職**の許可等を受けた場合

《習得チェック》

□ 1. 職務専念義務は、職員は職務の遂行に当たっては全力を挙げて職務の遂行に専念しなければならないとする服務の根本基準を定めた規定を具体化したものである。

□ 2. 職員が職務に専念しなければならないのは勤務時間中であり、この勤務時間には、超過勤務や休日勤務を命ぜられた時間は含まれない。

□ 3. 職務専念義務は、休憩時間であっても、職場内にいる以上、発生するとされている。

□ 4. 職員が国家公務員の職を兼ねることについて、任命権者の許可を受けたとしても、職務専念義務は当然には免除されない。

□ 5. 職員が勤務時間中に勤務条件に関する措置要求をする場合は、職務専念義務は当然に免除される。

＊前項の正誤　1－×　2－○　3－×（そのような定めはない）
4－×　5－×

◉Points！

【職務専念義務の免除（詳細）】

法律又は条例に特別の定めがある場合に免除される。

《法律に特別の定めがある場合の主なもの》

①分限処分による休職（28条２項）

②懲戒処分による停職（29条１項）

③任命権者の許可を受けた在籍専従（55条の２。登録職員団体の役員である必要あり）

④職員団体が勤務時間中に行う適法な交渉への参加（55条８項）

⑤修学部分休業、高齢者部分休業、自己啓発等休業、配偶者同行休業（26条の２、26条の３、26条の５、26条の６。取得に任命権者の承認が必要）

⑥労働安全衛生法に基づく病者の就業禁止（伝染病罹患など）

⑦労働基準法に基づく年次有給休暇・産前産後休暇・育児時間・生理休暇など

⑧育児･介護休業､育児･介護に係る部分休業（地方公務員育児休業等法など。取得に任命権者の承認が必要）

※④は、職務専念義務の免除自体につき、別途任命権者の許可が必要〔88頁参照〕。

《条例に特別の定めがある場合の例》

①職員の勤務時間、休暇等に関する条例に定める休日、休暇、休息期間
（例）国民の祝祭日、年末年始の休日、夏季休暇など

②35条を直接の根拠として条例で定めた場合

（例）研修を受ける場合、厚生に関する計画の実施に参加する場合など

習得チェック

- □ 1．職員は、伝染病に罹患した場合は、年次有給休暇の承認を得なくても、労働安全衛生法に基づく就業禁止により職務専念義務を免除される。
- □ 2．職員は、職員団体が勤務時間中に行う適法な交渉に参加するときは、別途、任命権者の許可を受けることなく、職務専念義務が免除される。
- □ 3．職員の職務専念義務は、条例に特別の定めがある場合に免除されるほか、任命権者が公務への支障の有無を考慮して、支障がないと認めるときは、裁量により、免除することができる。
- □ 4．職員は、国民の祝祭日や夏季休暇など、勤務時間、休暇等に関する条例で定める休日、休暇等においても、職務専念義務の免除の許可を受ける必要がある。
- □ 5．職員は、研修の受講をする場合においては、条例に特別の定めがあるときは、職務専念義務が免除される。

＊前項の正誤　1－○　2－×　3－×　4－○　5－×（別途職務専念義務の免除の許可を要する）

◉Points！

【職務専念義務の免除と給与】

職務専念義務の免除とその免除期間に対して給与が支払われるか否かは**別問題**。

・国の法律等で給与の支給について定められているものについては、その法律等に定めるところによる。

・国の法律等で明確に定められていないものについては、原則として24条５項に基づく給与条例に定めるところによる。

【給与支給についての主な取扱例】

支給すべきもの	支給してはならないもの
・労基法39条及び休日、休暇条例に基づく年次有給休暇 ・分限処分による休職の大部分	・懲戒処分による停職（29条４項に基づいて定められる条例に根拠） ・在籍専従（55条の２第５項） ・勤務時間中の職員団体の活動（55条の２第６項） ※条例で特別の定めをした場合は支給可能 ・育児休業（地方公務員育児休業等法４条２項）

【違反への対処】

職務専念義務に違反した場合、**懲戒処分**の対象となり得るが、地方公務員法上、**罰則の適用はない**。

習得チェック

□ 1．職務専念義務が免除された場合、その免除期間に対して、給与が支払われるかどうかは、地方公務員法において明確に定められているわけではない。

□ 2．職員が懲戒処分による停職となった場合であっても、地方公共団体は、規則で特別の定めをしたときは、給与を支給することができる。

□ 3．職務専念義務が免除された場合に給与を支給するかどうかについては、給与条例に全て委ねられている。

□ 4．職員は、職務専念義務に違反した場合、懲戒処分の対象となるが、地方公務員法上、罰則の適用はない。

□ 5．地方公共団体の自治事務について職務専念義務に違反した場合には地方公務員としての懲戒処分の対象となるが、法令により国から処理を委任された法定受託事務について職務専念義務に違反しても地方公務員としては懲戒処分を受けることはない。

＊前項の正誤　1－○　2－×　3－×（法律又は条例に定めがある場合を除き免除はされない。なお、88頁の「職務専念義務の免除の承認」との違いに注意）　4－×（これらの条例で定められる休日等については、別途承認は不要）　5－○

◉Points！

【趣旨】（36条５項）

①地方公共団体の**行政の公正な運営**のためには、職員の政治的中立性が必要であり、また、②職員の政治的中立性を確保することにより、**職員を政治的影響から保護**し、その身分の安定を確保する必要がある。

⇒**①と②の両方**の観点から、職員の政治的行為を制限。

【表現の自由・平等原則との関係】

・全て国民は、憲法上、「集会、結社及び言論、出版その他一切の表現の自由」を保障されている（憲法21条１項）。

・また、憲法14条１項は平等原則を定めている。

一方で、公務員は「**全体の奉仕者**」である（憲法15条２項）。

⇒**合理的で必要やむを得ない限度**に止まる限り制限は許容。

【違反への対処】

地方公務員法の政治的行為の制限に関する規定に違反すると、**懲戒処分**の対象となり得るが、同法上の罰則の適用はない。

（注）職員が、**地方公務員法以外の法律**（例：公職選挙法）に違反したときは、当該法律の規定に従って、**罰則が適用**。

【地方公営企業職員・単純労務職員・特定地方独立行政法人の職員の特例】

以下の者には、適用されない（地方公営企業法39条２項、地方公営企業等労働関係法附則５項、地方独立行政法人法53条２項）。

①地方公営企業職員・単純労務職員

※政令で定める基準に従い地方公共団体の長が定める職にあ

る者を除く。

②特定地方独立行政法人の職員

※政令で定める基準に従い特定地方独立行政法人の理事長が定める職にある者を除く。

【その他注意事項】

・**勤務時間外でも**制限。

・休職、許可を受けた在職専従、職務専念義務免除などの間も制限。

習得チェック

□ 1．政治的行為の制限は、職員の政治的中立性を確保することにより、職員を政治的影響から保護し、その身分の安定を確保することのみがその目的である。

□ 2．職員の政治的行為の制限は、憲法上の平等原則や表現の自由との関係では、合理的で必要やむを得ない限度に止まるものである限り、許容される。

□ 3．職員は、地方公務員法に定める政治的行為の制限に関する規定に違反したときは、地方公務員法上の罰則の適用がある。

□ 4．職員が地方公務員法以外の法律で定める政治的行為の制限に違反したとしても、地方公務員法上の罰則の適用はない。

□ 5．職員の政治的行為の制限は、地方公営企業職員、単純労務職員及び特定地方独立行政法人の職員にも適用される。

＊前項の正誤　1－○　2－×　3－×（在籍専従者など法律で支給してはならないことになっているものもある）　4－○　5－×

◉Points！

【禁止行為等】

《政党等の結成に関与する等の行為》（36条１項）

①政党等の結成への関与〈a〉
②政党等の役員となる〈b〉
③政党等の構成員となるよう又はならないよう勧誘運動をする〈c〉

《特定の政治的目的を有する一定の政治的行為》（36条２項）

・**「特定の政治的目的」**
①特定の政党等又は特定の内閣・地方公共団体の執行機関を支持し、又はこれに反対する目的〈Ⅰ〉
②公の選挙又は投票において特定の人又は事件を支持し、又はこれに反対する目的〈Ⅱ〉

・**「一定の政治的行為」**
①公の選挙又は投票における勧誘運動〈d〉
②署名運動の企画、主宰等の積極的関与〈e〉
③寄附金その他の金品の募集への関与〈f〉
④文書図画の掲示等について、地方公共団体の庁舎、施設、資材又は資金を利用し、又は利用させること〈g〉
⑤その他条例で定める政治的行為〈h〉

※④以外は当該職員の属する地方公共団体の区域内のみ制限。

	行為	政治的目的の有無	区域内	区域外
〈a〉	政党等結成に関与	目的を問わない	×	×
〈b〉	政党等役員に就任		×	×
〈c〉	勧誘運動（構成員）		×	×
〈d〉	勧誘運動（投票等）	特定の政治的目的〈Ⅰ・Ⅱ〉がある場合にのみ規制対象	×	○
〈e〉	署名運動の企画等		×	○
〈f〉	寄付金募集等に関与		×	○
〈g〉	文書図画用庁舎利用		×	×
〈h〉	条例で定める行為		×	○

習得チェック

□ 1．職員は、当該職員の属する地方公共団体の区域内外を問わず、署名運動の企画、主宰等の積極的関与をすることができない。

□ 2．職員は、特定の政党を支持する目的がなくても政治的団体の結成に関与できないが、違反した場合、地方公務員法上の罰則の適用はない。

□ 3．職員は、当該職員の属する地方公共団体の区域外に限り、文書図画の掲示等のため、地方公共団体の庁舎や資金を利用することができる。

□ 4．職員は、当該職員の属する地方公共団体の区域内においては、特定の政治的目的の有無を問わず、公の選挙又は投票における勧誘運動を行うことはできない。

□ 5．職員は、地方公務員法に定める政治的行為のほか、地方公共団体が条例で定める行為についても、一定の制限を受ける。

＊前項の正誤　1－×（行政の公正な運営も目的）　2－○　3－×　4－○（ただし、当該地公法以外の法律に従って罰則適用）　5－×

◉**Points !**

【概要】

37条が禁止する職員の争議等に関する行為は、
①**争議行為等の実行行為**（争議行為等を直接実行する行為）と
②**職員の争議行為等の計画・助長行為**（職員の争議行為等を企て、遂行を共謀し、そそのかし、あおる行為）に大別される。

【禁止行為①：争議行為等の実行行為】

※**職員**に対する禁止規範。

争議行為等＝「争議行為」又は「怠業的行為」

《「争議行為」とは》

地方公共団体の**正常な業務運営を阻害**する行為。

※**目的（政治スト・経済スト）・行為態様を問わず**一律に禁止。

※**一般行政職員・企業職員、現業・非現業の区別なく**一律に禁止。

※ビラの配布等の宣伝活動も、勤務時間の内外を問わず、業務の正常な運営を阻害する場合は、争議行為に該当。

《「怠業的行為」とは》

地方公共団体の**機関の活動能率を低下**させる行為で、**争議行為の程度に至らない**もの。

《具体例》（判例・行政実例上）

・一斉休暇闘争
⇒年次休暇に名を借りた同盟罷業（争議行為）に該当。
・時間内職場大会

・超勤拒否闘争

⇒時間外勤務は職務命令であり、組織的に拒否することは争議行為等に該当。

・宿日直拒否闘争

・ピケッティング

⇒事務所の入口などで組合員の就労を阻止する行為であり、争議行為に該当。

習得チェック

□ 1．職員が行ってはならないこととされている争議行為等には、政治的目的のものは含まれるが、経済的目的のものは含まれない。

□ 2．ビラの配布等の宣伝活動は、勤務時間外に行われた場合は、地方公共団体の業務の正常な運営を阻害する場合であっても、争議行為に該当しない。

□ 3．争議行為を行ってはならない職員は、現業の職員のみであり、非現業の職員は含まれない。

□ 4．年次有給休暇の請求は、職員に認められた権利行使であるが、職員が一斉にこれを請求して職場を離脱することは、その目的等如何によっては、争議行為に当たることがある。

＊前項の正誤　1－×　2－○　3－×　4－×　5－○

◉Points！

【禁止行為②：職員の争議行為等の計画・助長行為】

※何人も禁止。

何人も、争議行為等を企て、又はその遂行を共謀し、そそのかし、若しくはあおってはならない。

⇒争議行為等が**現実に行われたことを要せず**、計画・助長行為自体を禁止。

《**「争議行為等」とは**》

争議行為等の範囲は、**職員に対して禁止されているものと同様**（争議行為・怠業的行為）〔98頁参照〕。

《**「企てる」とは**》

争議行為等を実行する計画の作成、そのための会議の開催などをすること。

《**「共謀する」とは**》

二人以上の者が共同で争議行為等を実行するための謀議をすること、その計画の作成などをすること。

《**「そそのかし」とは**》

争議行為等を実行する決意を新たに生じさせるように勧めること。教唆。

《**「あおり」とは**》

いわゆる扇動。

⇒文書、図画又は言動により、職員に対して争議行為等を実行する決意を生じさせるような、又は既に生じている決意を助長させるような勢いのある刺激を与えること。

習得チェック

□ 1．職員以外の者は、住民に対して地方公共団体の機関としての責任を何ら負うわけではないため、職員の争議行為等を企て、又はその遂行を共謀することは禁止されていない。

□ 2．職員以外の者は、職員の争議行為等の遂行をそそのかし、又はあおった場合であっても、争議行為等が現実に行われなければ、争議行為等の禁止の違反にはならない。

□ 3．職員が行ってはならないこととされている争議行為等と職員以外の者がその遂行をそそのかし、又はあおってはならない争議行為等の範囲は同じである。

□ 4．職員については、争議行為等の実行行為そのものを禁止すれば規制の趣旨から十分であるため、職員が争議行為等を企てること自体は禁止されていない。

□ 5．地方公務員法で規制されている職員の争議行為等をそそのかす行為とは、職員に争議行為等を実行する決意を新たに生じさせるよう勧めることをいう。

＊前項の正誤　1－×　2－×　3－×　4－○（業務の正常な運営を阻害する目的である場合などは、一斉休暇闘争として同盟罷業に該当する）

◉**Points!**

【違反への対応】

《職員の場合（実行行為、計画・助長行為）》

※単純労務職員等については、104頁を参照。

①**任命上、雇用上の権利**

行為の開始とともに、法令で認められる任命上、雇用上の権利をもって対抗することが**できなくなる**。

②**懲戒処分**

法令・服務義務違反として、懲戒処分の**対象となり得る**。

※争議行為が行われたかどうかの確認のため、懲戒処分に対して、不利益処分に関する**審査請求を行うことは可能**。

③**民事責任**

争議行為等の結果、地方公共団体や住民に**損害を与えた場合**は、損害賠償責任が**生じる**。民間企業の労組のような民事責任の免責規定はない。

④**罰則**

実行行為そのものについては、罰則の適用は**なし**。

計画・助長行為については、罰則の適用**あり**（62条の２）。

※争議行為等の実行行為に至らなくても、罰則が適用される。

習得チェック

□ 1. 争議行為をした職員は、当該争議行為の開始とともに、当該地方公共団体に対して、法令に基づき保有する任命上の権利をもって対抗することができなくなる。

□ 2. 職員は、地方公共団体の機関の活動能率を低下させる怠業的行為を行った場合は、懲戒処分の対象とはならない。

□ 3. 一般職の職員が結成した職員団体が争議行為等を行った場合において、地方公共団体に損害を与えたときは、民事責任は免除されず、損害賠償責任が生じる。

□ 4. 職員は、地方公務員法の規定に違反して争議行為の実行行為を行った場合は刑罰が科されるが、争議行為の遂行を企てたに止まるときは、刑罰は科されない。

□ 5. 職員は、争議行為の遂行をそそのかし、又はあおったとしても、争議行為が実際に実行されるに至らなかったときは、刑罰は科されない。

＊前項の正誤　1－×　2－×　3－○　4－×　5－○

◉Points！

【違反への対応】

《職員以外の者の場合（計画・助長行為)》

・計画・助長行為について、**罰則**の適用あり（62条の２)。
・争議行為等の実行行為に至らなくても、罰則が適用される。

※争議行為等を直接実行する行為には罰則の適用がなく、計画・助長行為に罰則の適用があるのは、公共の福祉に反する争議行為等を未然に防止すること、計画・助長行為は、主として争議行為等の指導者が関与する核心的な行為であることを重視していることによる。

《地方公営企業職員・特定地方独立行政法人の職員・単純労務職員》

・地方公営企業職員及び特定地方独立行政法人の職員は、地方公営企業等の労働関係に関する法律により、**争議行為等を禁止**されており、地方公共団体等は違反した者を**解雇できる**（同法11条１項、12条)。
・単純労務職員も同様である（同法附則５項)。

※解雇については、地方公務員法上の不利益処分に係る審査請求はできないが、労組法上の**不当労働行為の申立てを行うことができる**（地方公営企業等の労働関係に関する法律16条の３、附則５項)。

(注)特定地方独立行政法人の職員には、地方公務員法37条の規定は適用されず（地方独立行政法人法53条１項１号)、地方公営企業等の労働関係に関する法律が適用される。

習得チェック

□ 1. 職員以外の者は、職員の同盟罷業、怠業その他の争議行為の遂行をそそのかし、又はあおったときは、刑罰が科される。

□ 2. 職員以外の者は、職員の同盟罷業、怠業その他の争議行為の遂行を共謀したとしても、争議行為が実際に実行されるに至らなかったときは、刑罰は科されない。

□ 3. 単純労務職員も、地方公営企業等に対して同盟罷業を行うことを禁止されている。

□ 4. 地方公営企業職員及び特定独立行政法人の職員は、地方公営企業等に対して同盟罷業、怠業その他の業務の正常な運営を阻害する行為を行うことを禁止されていない。

□ 5. 地方公共団体は、地方公営企業等に対して争議行為を行ったことを理由に、単純労務職員を解雇することはできない。

＊前項の正誤　1－○　2－×（怠業的行為を行った場合も懲戒処分の対象となる）　3－○　4－×（記述が逆であり、実行行為には罰則の適用がないが計画・助長行為には罰則の適用がある）　5－×

◉Points！

【概要】

勤務時間の内外を問わず、職員が営利企業等に従事することは原則として制限される（38条1項）。

※一定の非常勤職員を除く。特に、平成29年改正で導入（令和2年4月1日施行）された**「会計年度任用職員」のうちパートタイム勤務の者には適用されないこと**に注意が必要。

【制限される行為＝従事につき任命権者の許可を要する行為】*

①営利目的の私企業その他の団体の役員等の地位の兼任 ②自ら営利目的の私企業その他の団体を営む ③報酬を得て他の事務・事業に従事

「営利目的」

工業、商業、金融業等の業務形態のいかんを問わない。農業も含まれる。法律上営利を目的としない団体は営利企業に該当しない。

「役員等」

取締役、監査役等業務の執行又は業務の監査について責任を有する地位にある者、これらと同等の権限又は支配力を有する地位にある者。役員以外の地位は、顧問・評議員・清算人及びこれに準ずるもの。

「報酬」

労務、労働の対価として支給・給付されるもの。給料、手当等の名称のいかんを問わない。

（注）消費生活協同組合、農業協同組合等の営利を目的としない団体の役員であっても、報酬を得て従事することは、制限され、任命権者の許可が必要（①には非該当、③に該当）。

【目的・主体ごとの任命権者の許可の要否】

目的	役員等か否か等	報酬の有無	許可の要否
営利	役員等	あり	要（＊①）
		なし	要（＊①）
	役員等以外	あり	要（＊③）
		なし	不要
	自ら営む	—	要（＊②）
非営利	役員等	あり	要（＊③）
		なし	不要
	役員等以外	あり	要（＊③）
		なし	不要
	自ら営む	—	不要

習得チェック

□ 1．営利を目的としない団体であっても、その団体が事実上は収益事業を行う場合には、職員（一定の非常勤職員を除く。以下同じ）自らが当該団体を営むことは制限される。

□ 2．職員は、営利を目的としない消費生活協同組合等の役員を兼ねる場合、報酬を受けなければ任命権者の許可を受ける必要はない。

□ 3．退職した職員が営利企業等の役員に就任する場合は、退職前の任命権者の許可を得る必要はない。

＊前項の正誤　1－○　2－×　3－○　4－×　5－×（地方公営企業等の労働関係に関する法律）

◉Points！

【任命権者の許可】

・**起訴休職中であっても許可が必要**。

・人事委員会を置く地方公共団体では、**人事委員会は**、規則で、任命権者が許可を与える**基準を定めることができる**（38条２項）。

【職務専念義務等との関係】

職員が営利企業に従事等しようとする時間が勤務時間中であるときは、別途、職務専念義務の免除又は年次有給休暇の承認が必要〔88頁参照〕。

【他の一般職を兼ねる場合の給与】

職員が他の一般職の職を兼ねる場合は、これに対して給与を受けてはならない（24条３項）。

（注）給与を受けてはならない兼職先に、他の地方公共団体の一般職の職を含むとする説がある。

【違反への対応】

地方公務員法上の**罰則の適用はない**。**懲戒処分**の対象にはなり得る。

習得チェック

□ 1．職員（一定の非常勤職員を除く。以下同じ）は、起訴休職中である場合は、任命権者の許可を受けることなく、営利企業等に従事することができる。

□ 2．地方公共団体の長は、任命権者が職員に与える営利企業等への従事の許可の一般的な基準を規則で定めることができる。

□ 3．職員は、勤務時間外であっても、任命権者の許可を受けなければ、営利企業等を営むことができない。

□ 4．職員は、勤務時間内に営利企業等に従事することについて任命権者の許可を得たときは、別途、職務専念義務の免除や年次有給休暇の承認を受ける必要はない。

□ 5．職員は、任命権者の許可を得ないで自ら営利企業を営んだときは、地方公務員法上の罰則の適用がある。

＊前項の正誤　1－×　2－○　3－○

◉**Points！**

【概要】

・離職後に営利企業等に再就職した元職員（再就職者）に対して、離職前の職務に関して、現職職員への働きかけを禁止。

※元職員には、臨時的任用、条件付採用中、非常勤（短時間勤務ではない場合）の職員だった者は含まれない。

・違反には**刑罰又は過料**（60条４号～７号、64条）。

「営利企業等」とは

営利企業又は**営利企業以外の法人**（国・国際機関・地方公共団体・行政執行法人・特定地方独立行政法人を除く）。

【禁止される働きかけ行為】（38条の２）

再就職先の営利企業等・その子法人と在職していた地方公共団体との間の契約又は処分（契約等事務）であって**離職前５年間の職務**に関し、**離職後２年間**、職務上の行為をするように、又はしないように、現職職員に要求又は依頼をすることを禁止。

《幹部職員であった者の場合の特則》（同条４項・８項）

離職前５年前より前の当該職の職務に属するものも含めて、離職後２年間、働きかけ禁止。

「幹部職員」とは

地方公共団体の長の直近下位の内部組織の長等で人事委員会規則等で定める職。国の部課長級に相当する職も、条例で定めれば、同様に禁止することが可能。

《自ら決定した契約又は処分の場合の特則》（同条５項）

離職前後いずれについても期間の定めなく働きかけ禁止。

(注)行政庁による指定や委託を受けた者がその事務を行うために必要な場合や法令・契約に基づいて権利を行使し、又は義務を履行する場合など一定の場合は、働きかけ禁止の規定は適用されない。

【現職職員の届出義務】(38条の2第7項)

元職員から**働きかけを受けた職員**は、**人事委員会又は公平委員会に**その旨を届け出なければならない。

習得チェック

□1. 退職管理に関する規制は、職員が営利企業に再就職した場合だけが対象であって、非営利法人に再就職した元職員による現職職員への働きかけは許される。

□2. 営利企業等への再就職者が離職前に自ら決定した契約に関して職員に職務上の行為をするよう要求又は依頼をしてはならないのは、離職後2年間に限られる。

□3. 営利企業等への再就職者が、退職管理に関する規制に違反して職員に職務上不正な行為をするよう要求したときは、刑罰が科せられる。

□4. 職員は、営利企業等の再就職者から、その離職前の職務に関して職務上の行為をするように要求又は依頼をされたときは、任命権者にその旨を届け出なければならない。

＊前項の正誤　1－×　2－×　3－○　4－×　5－×

◉Points！

【働きかけ規制違反に関する監視等】（38条の３等）

違反行為を行った疑いがあるときは、任命権者が調査を実施。人事委員会又は公平委員会は、その調査を監視。

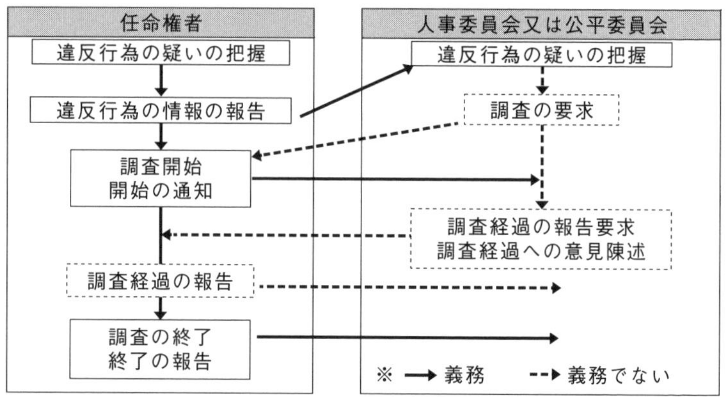

【地方公共団体の講ずる措置】（38条の６第１項）

地方公共団体は、国家公務員法の退職管理の規定の趣旨及び職員の再就職状況を勘案して、**退職管理の適正を確保するために必要と認められる措置**を講ずる。（例）再就職状況の公表等

【再就職情報の届出】（38条の６第２項、65条）

・地方公共団体は、元職員による働きかけ規制の円滑な実施及び退職管理の適正確保に必要と認められる措置を講ずるために必要なときは、**条例**で、元職員に対し、再就職情報の届出を義務付けることができる。

・違反した者には、条例で10万円以下の**過料を科すことができる**。

習得チェック

□ 1．人事委員会又は公平委員会は、職員又は職員であった者に退職管理に関する規制の違反行為を行った疑いがあると思料するときは、任命権者に対し、当該規制違反行為に関する調査を行うよう求めることができる。

□ 2．任命権者は、職員又は職員であった者に退職管理に関する規制の違反行為を行った疑いがあると思料して調査を開始したときは、当該調査の経過を必ず人事委員会又は公平委員会に報告しなければならない。

□ 3．人事委員会又は公平委員会は、職員又は職員であった者に退職管理に関する規制の違反行為を行った疑いがあると思料するときは、当該規制違反行為について自ら調査を行うことができる。

□ 4．地方公共団体は、国家公務員法の退職管理の規定の趣旨及び職員の再就職状況を勘案し、再就職状況の公表等退職管理の適正を確保するために必要と認められる措置を講ずる。

□ 5．地方公共団体は、条例で、元職員に対し、再就職情報の届出を義務付けることができるが、これに違反した者に対して過料を科す定めを設けることはできない。

＊前項の正誤　1－×　2－×（離職後２年に限定されず、期間の定めはない）　3－○　4－×（届出先は人事委員会又は公平委員会）

◉Points！

【公務災害補償制度（概要）】

職員の公務による死亡、負傷、疾病等による損害の補償を迅速・公正に実施するための制度

⇒地方公務員法では45条に規定があり、これを受けて、地方公務員災害補償法が制定され、具体化されている。

【制度のポイント】

①各地方公共団体による補償の**代行機関**として「**地方公務員災害補償基金**」を設置し、**全国統一的な補償**を実施。

②**無過失責任主義**＝地方公共団体に過失がなくても補償を実施。

【対象となる職員】

①**常勤**の地方公務員

②一般地方独立行政法人の役員及び常勤職員

※①・②とも、**短時間勤務職員**など、常勤に準ずる職員を**含む**。

※上記以外の非常勤職員で法律に定めがないものについては、条例で制度を定めることとされている。

【補償の種類】

・「**公務上の災害**」と「**通勤途上の災害**」の両方を補償。

・７種類が定められている（療養補償、休業補償、傷病補償年金、障害補償、介護補償、遺族補償、葬祭補償）。

※職員が死亡した場合の遺族への補償もある。

【その他】

地方公務員災害補償基金の業務に必要な費用は、**各地方公共**

団体・地方独立行政法人の負担金によって賄われている。

習得チェック

□ 1．地方公務員法の規定を受けて、別法で、各地方公共団体に代わって地方公務員災害補償基金が補償を行う制度が定められている。

□ 2．地方公共団体に過失がある場合に補償を行う「過失責任主義」が採られている。

□ 3．制度の対象となるのは、常勤の職員に限られておらず、短時間勤務職員等も対象とされている。

□ 4．補償は、職員本人に対して行われることとされており、職員が死亡した場合のその遺族に対してまでは行われない。

□ 5．全国的な制度であることに鑑み、必要な費用は、国庫が負担している。

＊前項の正誤　1－○（義務ではない）　2－×　3－×（人事委員会・公平委員会に調査権なし）　4－○　5－×

◉Points！

【補償対象の認定】

・認定主体：地方公務員災害補償基金

・請求主義
　＝職員・遺族からの請求に基づいて補償。
　※傷病補償年金は請求不要。

・「公務上の災害」と「通勤途上の災害」がある。

・「公務上の災害」として認定されるための要件
　①**公務遂行性**（災害が使用者の支配監督の下で発生）
　②**公務起因性**（災害の発生が職務遂行と相当因果関係にある）

・「通勤途上の災害」は、勤務のため、住居と勤務場所の間の往復等を**合理的な経路及び方法**で行っていることが要件。
　⇒経路を逸脱し、又は中断した場合は、その**逸脱又は中断の間と中断後の移動は、補償の対象外**となるのが原則。
　※例外＝**日常生活上必要**な行為を**やむを得ない**事由で行うための**最小限度**の逸脱又は中断については、その逸脱又は中断の間を除き、補償の対象に含める。

【審査請求・訴訟】

・**被災した職員等**は、補償に関する決定に不服があるときは、地方公務員災害補償基金審査会（又はその支部審査会）に**審査請求をすることができる**。
　(注)**任命権者や職員団体は、審査請求できない**。

・補償に関する決定の**取消訴訟**は、審査請求の裁決を経た後でなければ提起できない（**審査請求前置主義**）。

習得チェック

□1．補償は、職員からの請求があった場合のほか、任命権者による申出があった場合にも行われる。

□2．公務上の災害として認定され、補償を受けるためには、災害が使用者の支配監督の下で発生していればよく、災害と職務遂行との因果関係までは問わないこととされている。

□3．通勤途上の災害は、住居と勤務場所の間の往復等を合理的な経路及び方法で行っている場合に認定されるが、その経路を逸脱した場合等でも、例外的に認定される場合がある。

□4．補償に関する決定については、被災した職員や遺族のほか、職員団体も、審査請求をすることができる。

□5．補償に関する決定の取消訴訟は、その決定についての審査請求と並行して提起することができる。

＊前項の正誤　1－○　2－×　3－○　4－×　5－×

◉**Points！**

【勤務条件に関する措置の要求（概要）】

給与、勤務時間その他の**勤務条件**に関し、**当局により適当な措置が執られるべきことを要求**することができる制度

＝**労働基本権の制限に対する代償措置の１つ**

【措置要求を行うことができる主体】

・職員（一般職。**条件付採用期間中の職員と臨時的任用職員を含む**）

※**複数の職員が共同で行うことも可能**（共同措置要求）。

（注）他の職員に関係する勤務条件であっても措置要求が可能だが、他の職員の固有の勤務条件について要求することはできない。

・他の職員を代理する職員

【措置要求を行うことができない主体】

・**地方公営企業の職員、特定地方独立行政法人の職員、単純労務職員**

⇒労働協約の締結が可能であるため

・退職者

・**職員団体**

・特別職の職員

習得チェック

□1．正式任用の職員のほか、条件付採用期間中の職員も要求を行うことができるが、臨時的任用の職員は、行うことができない。

□2．この要求は、個人で要求を行い得る職員が複数で共同して行うことができるほか、職員団体も行うことができる。

□3．地方公営企業の職員と単純労務職員は、労働協約の締結が可能であることから、要求を行うことはできない。

□4．特別職の職員も、一部の勤務条件については、要求を行うことができる。

□5．免職処分で退職した者は、要求を行うことができない。

＊前項の正誤　1－×　2－×　3－○　4－×　5－×

◉Points！

【「勤務条件に関する措置の要求」の対象事項】

「給与、勤務時間その他の勤務条件」に関する事項（46条）

⇒給与、勤務時間のほか、旅費、休日・休暇、執務環境の改善、福利厚生などが幅広く含まれる。

⇒「職員が自己の勤務を提供し、又はその提供を継続するかどうかの決心をするに当たり、一般的に当然考慮の対象となるべき利害関係事項」とも言われている。

※**勤務条件そのものではない事項**（**人事評価制度、服務**に関すること、**予算・人員の増減、組織の改廃**など）は、一般的には**対象とならない**。
（注）これらに**関連する勤務条件であれば、対象となり得る**。

※**当局の権限に属する事項である必要**がある（「当局により適当な措置が執られるべきことを要求する」制度であるため）。

【間違えやすいポイント】

・条例・規則で定められた事項であっても、勤務条件である限り対象となり得る。

・**不作為の措置要求**（現行の手当を減らさない等）も**可能**。

・当該職員にとって**過去の時点の**勤務条件であっても要求**可**。
（注）ただし、退職者は職員の身分がないので要求できない。

習得チェック

□ 1. 要求の対象には、給与、勤務時間のほか、幅広い事項が含まれるとされており、例えば、人事評価制度や服務に関する事項も含まれる。

□ 2. 予算や人員の増減、組織の改廃等は、勤務条件そのものとは言えないため、要求の対象とすることはできない。

□ 3. 条例又は規則で定められている事項は、勤務条件であっても、要求の対象とすることはできない。

□ 4. 積極的な措置を要求することができるだけでなく、現在の勤務条件を変更しないことを求めることもできる。

□ 5. 要求の対象とすることができるのは、当該職員の現在の勤務条件であり、過去の勤務条件は、要求の対象とすることはできない。

＊前項の正誤　1－×　2－×　3－○　4－×　5－○

◉Points！

【勤務条件に関する措置の要求の相手方（審査機関)】

人事委員会又は公平委員会（46条）

(注)地方公共団体の長ではない。

【審査の手続】

・**口頭審理その他**の方法による審査（47条)。

・証人を喚問し、又は書類・その写の提出を求めることが可能（8条6項)。

(注)これに応じない場合につき、罰則まではない。

【審査の結果執るべき措置】事案を**判定**し、その結果に基づいて次の措置を実施しなければならない（47条)。

人事委員会又は公平委員会の権限に属する事項

⇒人事委員会又は公平委員会**自ら実行**。

上記以外の事項

⇒**権限を有する地方公共団体の機関に対し、勧告**。

※条例・規則の改正の勧告も行い得る。

※この勧告に**法的拘束力はない**とされている。

(注)要求者は、勧告の内容に**不服があったとしても、審査請求できない**（「不利益処分」ではない)。

【間違えやすいポイント】

・判定の修正（再審）を求めることはできないが、**同一職員が同一事項について改めて措置の要求をすることは可能**。

・措置要求が違法に却下されたり、審査手続が違法に行われたりした場合には、取消訴訟の対象になる（最判昭和36年3月28日)。

・措置**要求を故意に妨害した者に罰則**あり（61条5号）。

習得チェック

□ 1．措置の要求は、人事委員会又は公平委員会に対して行うのが原則であるが、一定の場合には、地方公共団体の長等、勤務条件について権限を有する者に直接行わなければならない。

□ 2．措置要求に関する審査は、口頭審理で行うものとされているが、審査のために証人喚問を行うことまでは、認められていない。

□ 3．措置要求に関する審査の結果、人事委員会又は公平委員会が他の機関に対して行う勧告については、一般に、法的拘束力が認められている。

□ 4．人事委員会又は公平委員会による判定については、いわゆる一時不再理の原則の適用はなく、同一職員が同一事項について改めて措置の要求をすることもできる。

□ 5．職員が行う要求を故意に妨害したとしても、刑罰までは科されない。

＊前項の正誤　1－×　2－○　3－×　4－○　5－×

◉**Points！**

【不利益処分に関する審査請求（概要）】

職員の意に反する不利益処分について、簡易迅速な審査手続により救済する制度

⇒地方公務員法の定めた職員の身分保障を実質的に担保。
⇒適正な人事行政の確保。

【審査請求の対象となる処分】（49条の２→49条）

⑴「不利益処分」である必要がある（例：懲戒処分、分限処分）。
※処分性に欠けるものは対象外（例：昇給延伸、勤勉手当の減額、給与条例の規定に基づく一般的な賃金カット）。
（注）一般に、転任命令は、「不利益」処分でないとされる。

⑵職員の「意に反する」ものである必要がある。
※意に反しないものは対象外(例：職員の同意の下での降任)。

⑶“職員の意に反する不利益処分”以外は、**職員がした申請に対する不作為**であっても、**審査請求をすることができない**（49条の２第２項）。

【請求を行い得る主体】（49条の２第１項）

①対象となる処分を受けた職員（免職されたが職員としての地位を主張する元職員を含む）
※ただし、次の者は、含まれない。
・条件付採用期間中の職員、臨時的任用職員（29条の２）
・地方公営企業の職員、特定地方独立行政法人の職員、単純労務職員

・特別職（4条1項）
②①の職員の代理人

習得チェック

□ 1．職員の意に反する不利益処分のほか、職員がした申請に対する不作為についても、審査請求をすることができる。

□ 2．賃金の減額は、給与条例の規定に基づく一般的なものであっても、審査請求の対象となり得る。

□ 3．降任処分は、職員の同意があったとしても、重大な不利益処分であるから、審査請求の対象となり得る。

□ 4．免職処分を受けて職員でなくなった者は、職員としての立場を有しないので、審査請求をすることができない。

□ 5．条件付採用期間中の職員及び臨時的に任用された職員は、審査請求をすることができない。

＊前項の正誤　1－×（そのような例外はない）　2－×　3－×　4－○　5－×

◉Points！

行政不服審査法の適用がないため、一般的な審査請求とは異なる点があることに注意する。

【審査請求を行う先（審査機関）】（49条の２第１項）

人事委員会又は公平委員会のみ。

※処分をした行政庁の上級行政庁には行えない。

【請求期間】（49条の３）

・処分があったことを**知った日の翌日から起算して３月以内**。

・また、処分が**あった日の翌日から起算して１年**を経過したときは、請求ができなくなる。

【審査の方法】（50条１項）

・**書面**審理又は**口頭**審理（審査請求人から**請求があったときは、口頭**審理）

※口頭審理は、審査請求人から請求があれば公開で行う。

・証人を喚問し、又は書類・その写の提出を求めることが可能（８条６項）。

⇒応じない場合に**罰則あり**（61条１号、62条）。

【審査の結果執るべき措置】（50条３項）

・対象となった**処分の承認、修正又は取消し**

⇒形成的効力（任命権者が改めて取消し等をする必要なし）

⇒「修正」は、処分をより重いものとしたり、全く違う種類の処分にしたりすることはできないと解されている。

・**必要がある場合**は、任命権者に、職員が受けた**不当な取扱いを是正するための指示**をしなければならない（給与の回復等）。

ints！

員団体の登録】（53条）

員団体が自主的・民主的に組織されていることにつき、お
きを与える。

要件

本の規約に一定の事項（法定）の定めがある。

約の作成・変更、役員の選任等の重要な行為が、全ての構
員が平等に参加する機会を有する**直接・秘密の投票で決定
れる旨の手続の定めがあり、かつ、実践されている**。

連合体である職員団体には、代議員制（単位団体の構成員に
よる上記の投票で選ばれた代議員が同様に投票）を容認。

一の地方公共団体の職員のみで組織されている。

次の**例外が認められる**。

職員であった者でその意に反して**免職処分を受け**、その
免職の翌日から起算して**1年以内の者**又は**その間に審査
請求・訴訟の提起**をした者を構成員にとどめることは可。

役員は、同一の地方公共団体の職員でなくともよい。

件を満たさなくなると、登録の効力停止又は登録の取消し。

手続

例で定めるところにより、**人事委員会又は公平委員会に申**

等に応ずる義務が当局に生ずる（55条1項）。

人格が付与される（職員団体等に対する法人格の付与に関
る法律）。

籍専従が可能になる（55条の2。任命権者の許可が必要）。

【訴訟との関係】

・処分の**取消訴訟は、審査請求についての裁決を経た後**でなければ提起できない（審査請求前置主義。51条の2）。

・**無効確認訴訟は、いつでも**提起可能。

※なお、任命権者は、人事委員会又は公平委員会による処分の取消し等に不服があっても、訴訟の提起はできない。

習得チェック

□ 1．この審査請求は、その処分をした行政庁の上級行政庁のほか、人事委員会又は公平委員会にも行うことができる。

□ 2．この審査請求は、処分があったことを知った日の翌日から起算して3月以内にしなければならず、処分があった日の翌日から起算して1年を経過したときは、行えなくなる。

□ 3．この審査請求によって行われる審査は、書面審理の方法によることとされており、当事者が陳述する機会を与えられる口頭審理の方法は、認められていない。

□ 4．審査の結果、処分が違法又は不当と判断された場合には、審査機関からの指示を経て、任命権者が処分の取消し等を行うこととなる。

□ 5．審査請求の対象となる不利益処分についての取消訴訟は、審査請求と並行して提起することができる。

職員に適用される基準

＊前項の正誤　1－×　2－×　3－×　4－×　5－○

◉Points !

【職員団体とは】（52条）

趣旨

一般行政職員・教育職員につき労働組合の結成が認められないので、代わりに定められている制度

目的

「職員」の勤務条件の維持改善

※主たる目的が上記のものであれば、**社交的・文化的目的の併有も可**。

⇒「職員」の範囲

一般職員・教育職員と、**単純労務職員**

※**単純労務職員は、労働組合の結成も認められている**（政策的配慮と言われている）が、「職員」である。

※①**警察・消防職員**、②**地方公営企業・特定地方独立行政法人の職員**は、「職員」に含まれない。

※「職員」が構成員の主体であると言える範囲で、「職員」以外の者（②や**民間企業の労働者等**）**の加入も認められる**。

【間違えやすいポイント】

・加入は職員の自由であり（オープンショップ制）、**未加入だからといって不満の表明等の自由は否定されない**。

・管理職は、一般職と同じ職員団体への加入はできないが、**管理職独自のものであれば加入可能**。

・職員団体の連合体も職員団体として扱われるが、職員団体と労働組合等の他の団体との連合体は、職員団体ではない。

【参考：労働基本権の制約の状況】

	警察職員 消防職員	一般行政職員 教育職員	単純労務
団結権	×	○（職員団体制度）	
団体交渉権	×	○（職員団体制度）	
協約締結権	×	×	
争議権	×	×	

習得チェック

□ 1．職員団体は、「職員」の勤務条件の
する団体であるが、その「職員」
の職員も含まれる。

□ 2．単純労務職員は、労働組合を結成
体に加入することはできない。

□ 3．地方公務員以外の者を職員団体の
は、認められていない。

□ 4．職員団体は、職員の勤務条件の維
としていれば、社交的目的や文化
とも認められる。

□ 5．管理職員は、職員団体を組織する

＊前項の正誤　1－×　2－○　3－×　4－×

【その他注意すべき事項】

・登録を受けない職員団体も、当局との交渉はできる（当局には交渉に応ずる義務はない）。
・登録を受けても、協約の締結は認められない。

習得チェック

□ 1. 職員団体が登録を受けるには、規約の作成等につき構成員の直接かつ秘密の投票で決定している必要があるが、役員の選任について同様の投票をしていることまでは必要ない。

□ 2. 同一の地方公共団体の現役の職員のみで構成されている職員団体でなければ、職員団体としての登録を受けられない。

□ 3. 職員団体の登録の申請は、任命権者に対してではなく、人事委員会又は公平委員会に行うものとされている。

□ 4. 職員団体は、登録を受けることにより当局との交渉が可能となるのであり、登録を受けていないと当局との交渉はできない。

□ 5. 職員団体の登録を受けると、一定の事項に限り当局と協約を締結することができるようになる。

＊前項の正誤　1－×　2－×　3－×　4－○　5－×

◉Points！

【交渉の相手となる「当局」】

交渉事項につき適法に管理・決定することができる当局（55条4項）

【交渉事項】（55条1～3項）

①職員の給与、勤務時間その他の**勤務条件**

②上記に附帯する適法な活動（**社会的・厚生的活動を含む**）

※**自治体の事務の管理・運営に関する事項そのものは対象外**（管理運営事項が職員の勤務条件に影響を及ぼす場合、**影響を受ける勤務条件に関する部分は、対象**となり得る）。

【交渉当事者】（55条5項・6項）

職員団体側

原則、役員の中から指名。**特別の事情があれば、役員以外**の弁護士等の選任も可（委任を証明する文書が必要）。

当局側

当局の指名する者（**職員以外の弁護士等でも可**）

【予備交渉】（55条5項）

・交渉に当たっては、**議題、時間、場所等をあらかじめ取り決めて行う**。

なお、予備交渉が不調で本体の交渉に入れないことは本交渉拒否ではない。

【間違えやすいポイント】

・登録団体からの適法な交渉の申入れへの応諾義務あり（55条1項）。非登録団体からの申入れへの応諾は任意〔131頁参照〕。

・在籍専従でなくとも、**適法な交渉を勤務時間中に行うことは可能**（55条8項。申請により職務専念義務を免除。その分の給与を支払うかは条例次第)。

・次の場合、交渉の打切りが可能(一方の意思表示でよい)(55条7項)。

①交渉当事者の指名・予備交渉が適正に行われない。

②他の職員の職務遂行の妨げ又は自治体の事務の正常な運営の阻害となる。

・合意事項につき、**書面協定**(55条9項)や**口頭での約束が可能**⇒協約ではないので、法的拘束力はない。

習得チェック

□1．交渉では、地方公共団体の事務の管理・運営に関する事項であっても、職員の勤務条件に影響を与え得るものであれば、当該管理運営事項を交渉の対象とすることができる。

□2．職員団体側の交渉当事者は、役員の中から指名しなければならず、一般の構成員や構成員以外の者を指名することはできない。

□3．交渉に当たっては、議題、時間等をあらかじめ取り決めるものとされている(予備交渉)が、これが不調に終わったからといって、当局が本体の交渉に応じないことは認められない。

□4．交渉当事者たる職員は、いわゆる在籍専従が認められている職員以外であっても、申請を行い、職務専念義務を免除されることにより、勤務時間中に交渉を行うことができる。

□5．一般行政職員等には協約締結権がないため、交渉における合意事項を書面にまとめることはできない。

＊前項の正誤　1－×　2－×　3－○　4－×　5－×

◉Points！

【在籍専従とは】（55条の２）

職員が、職員団体の業務に専ら従事すること（本来の事務には従事しない）

原則：できない（55条の２第１項本文）。

例外：**登録職員団体**の**役員**は、**任命権者の許可**を得れば可能（同項ただし書）。

※許可には有効期間あり（同条２項）。

【在籍専従が認められる期間の上限】

通算７年以下の範囲で**人事委員会規則・公平委員会規則で定める**期間

※地方公営企業職員等として労働組合で在籍専従をしたことがある職員については、その期間も算入。

※55条の２では通算「５年」となっているが、附則20項に当分の間の特例があり、上記のようになっている。

【在籍専従の許可の取消し】

次の場合に行われる（55条の２第４項）。

①その業務に従事している職員団体が**登録を受けた職員団体でなくなった**とき。

②**役員でなくなった**とき。

③職員団体の業務に**専ら従事する者でなくなった**とき。

【在籍専従をしている間の身分】

休職者（55条の２第５項）

⇒職・身分は保有するが、職務専念義務がない状態

⇒**無給**（いかなる給与も支給されない）

在籍専従の期間は、退職手当の算定基礎となる勤続期間に算入されない。

習得チェック

□ 1．登録を受けた職員団体の構成員は、人事委員会又は公平委員会の許可を得ることで、当該職員団体の業務に専ら従事することができる。

□ 2．在籍専従の許可を受けようとする職員は、許可を受ける際に、登録を受けた職員団体の役員であれば足り、その後役員でなくなったとしても、許可が取り消されることはない。

□ 3．職員団体の業務に専ら従事することができる期間については、5年以内の範囲で条例で定めるものとされている。

□ 4．職員団体の業務に専ら従事している職員は、休職者として扱われるため、職や身分を失うわけではない。

□ 5．職員が職員団体の業務に専ら従事している場合には、給与の支給は受けられないが、その従事している期間は、退職手当の算定の基礎である勤続期間に含めることができる。

職員に適用される基準

＊前項の正誤　1－○　2－×　3－×　4－○　5－×

地方公務員の労働基本権・地方公務員法の特例

◉Points！

【地方公務員の労働基本権】

・地方公務員は、憲法上の「勤労者」。

⇒**労働基本権**が保障されるのが原則だが、**全体の奉仕者性**、職務の公共性、勤務条件法定主義**などにより、制約はやむを得ない**とされている（最判昭和51年５月21日）。

《労働基本権の制約の状況》〔128頁参照〕

	警察職員 消防職員	一般行政職員 教育職員	単純労務職員 地方公営企業職員 特定地方独法職員
団結権	×	○（職員団体制度）	○（労働組合制度）
団体交渉権	×	○（職員団体制度）	○
協約締結権	×	×	○
争議権	×	×	×

《国際条約の適用関係》

①**ILO第87号条約**（結社の自由及び団結権の保護に関する条約）

＝地方公務員に適用あり（警察職員についての条約上の保障の適用は、国内法令に委ねられている）。

②**ILO第98号条約**（団結権及び団体交渉権についての原則の適用に関する条約）

＝地方公営企業職員・単純労務職員には適用があるが、一般行政職員等には適用なし。

【主な労働関係法令の適用】

・労働基準法

原則適用、一部適合しない規定は適用除外。

・労働組合法

地方公営企業職員・特定地方独立行政法人の職員・単純労務職員のみ適用。

【地方公務員法の特例】

・職員のうち、その職務と責任の特殊性に基づいて特例を必要とするものについて、別に法律で定める旨を規定（57条）。
⇒同条では、公立学校の教職員と、単純労務職員を明示。

・公立学校の教職員には例えば**教育公務員特例法**があり、地方公営企業の職員・特定地方独法の職員・単純労務職員には例えば**地方公営企業等の労働関係に関する法律**に特例がある。

習得チェック

□ 1．警察職員及び消防職員については、労働基本権のうち、団結権のみが認められている。

□ 2．地方公営企業職員及び単純労務職員には、争議権を含め労働基本権が全て認められるが、特定地方独立行政法人の職員には、争議権は認められない。

□ 3．地方公共団体の長は、地方公営企業において当該地方公共団体の条例に抵触する協定が締結されたときは、一定の期間内に、その協定が条例に抵触しなくなるために必要な条例の改廃案を議会に付議し、議決を求めなければならない。

□ 4．ILO第98号条約は、労働者一般の団結権及び団体交渉権に関する原則の適用を定めたものであり、警察職員及び消防職員以外の地方公務員に広く適用される。

□ 5．労働組合法は、民間の労働者の組合活動に関する法律であるから、地方公営企業職員等を含め、全ての地方公務員に適用がない。

＊前項の正誤　1－×　2－×　3－×　4－○　5－×

地方公務員法上の罰則

◉Points！

【地方公務員法上、罰則規定の適用がある行為】

	罰則規定の適用がある行為	根拠規定
①	平等取扱い原則（13条）違反	60条1号
②	守秘義務（34条1項・2項、9条の2第12項）違反	60条2号
③	不利益処分の審査請求の審査の結果、人事委員会又は公平委員会が行う指示（50条3項）に故意に従わなかった場合	60条3号
④	不利益処分の審査請求の審査に関し、 ㋐人事委員会又は公平委員会の証人喚問を受け、正当な理由なく応じなかった場合又は虚偽の陳述をした場合 ㋑人事委員会又は公平委員会の審査のための書類等の提出要求に、正当な理由なく応じなかった場合又は虚偽の事項を記載した書類等を提出した場合	61条1号
⑤	任用の根本基準（15条：成績主義）に違反した場合	61条2号
⑥	採用試験（昇任試験）の受験阻害・秘密情報等の提供の禁止（18条の3、21条の4第4項）違反	61条3号
⑦	勤務条件の措置要求の申出を故意に妨げた場合	61条5号
⑧	②、④～⑦の行為を企て、命じ、故意に容認し、そそのかし、又は幇助をした場合	62条
⑨	何人たるかを問わず、争議行為等を共謀し、そそのかし、あおり、又はこれらの行為を企てた場合	62条の2
⑩	営利企業等に再就職した元職員による働きかけ規制（38条の2等）違反等	60条4～8号、63～65条

※65条は、法律自体で罰則は定めず、条例で罰則（過料）を定め得る旨の規定。

習得チェック

□ 1．職務上知り得た秘密を漏洩することを企てたり、黙認したり、助けたりする行為は、秘密を漏らす行為そのものではないため、地方公務員法上、罰則は科されない。

□ 2．営利企業等に再就職した元職員が、退職管理に関する規制に違反して、現職職員に職務上の行為をするように依頼したとしても、それが不正な行為をするように依頼するものでなければ、地方公務員法上、罰則（過料を含む）は科されない。

□ 3．職員は、地方公務員法に定める政治的行為の制限に関する規定に違反したときは、地方公務員法に定める罰則が科される。

□ 4．不利益取扱いの審査請求の審査に関し、人事委員会から証人として喚問を受けた場合に、正当の理由なくこれに応じなかったときは、地方公務員法に定める罰則が科される。

□ 5．職員は、地方公務員法の規定に違反して争議行為の実行行為を行った場合は刑罰が科されるが、争議行為の遂行を共謀したに止まるときは、地方公務員法上、罰則は科されない。

＊前項の正誤　1－×　2－×　3－○（地方公営企業等の労働関係に関する法律8条）　4－×　5－×

＊前項の正誤　1－×　2－×（「不正な行為をするように依頼するもの」に限られない。110頁参照）　3－×　4－○　5－×

昇任試験必携　地方公務員法のポイント整理とチェック
第２次改訂版

2020年（令和２年）４月30日　初版第１刷発行
2022年（令和４年）５月２日　第１次改訂版第１刷発行
2024年（令和６年）３月25日　第２次改訂版第１刷発行

定価はカバーに表示してあります。

編　　者　昇任試験法律問題研究会
発行者　大田昭一
発行所　公職研
〒101-0051
東京都千代田区神田神保町２丁目20番地
TEL03-3230-3701（代表）
03-3230-3703（編集）
FAX03-3230-1170
振替東京　6-154568
https://www.koshokuken.co.jp/

ISBN978-4-87526-444-6 C3031

落丁・乱丁は取り替え致します。　PRINTED IN JAPAN　　印刷　日本ハイコム㈱
ISO14001 取得工場で印刷しました。